HEYNE BÜCHER

SCIENCE FICTION

Herausgegeben
von Wolfgang Jeschke

ISAAC ASIMOVS SCIENCE FICTION MAGAZIN

13. Folge

ausgewählt und herausgegeben
von
Birgit Reß-Bohusch

Deutsche Erstveröffentlichung

WILHELM HEYNE VERLAG
MÜNCHEN

HEYNE-BUCH Nr. 06/3873
im Wilhelm Heyne Verlag, München

Deutsche Übersetzungen von Eva Brossmann,
Birgit Reß-Bohusch und Keto von Waberer
Das Titelbild schuf Karel Thole

Redaktion: Friedel Wahren

Printed in Germany 1982
Umschlaggestaltung: Atelier Heinrichs & Schütz, München
Gesamtherstellung: Mohndruck Graphische Betriebe GmbH, Gütersloh

ISBN 3-453-30759-3

Inhalt

Sydney J. van Scyoc
Felsfohlen
(STONEFOAL)
Seite 7

Gordon Dykstra
Zerbrochenes Spielzeug
(BROKEN TOYS)
Seite 36

Lisa Tuttle
Die Stadt in der Wüste
(A SPACESHIP BUILT OF STONE)
Seite 58

Jeff Duntemann
Der Wächter
(GUARDIAN)
Seite 87

Gene Wolfe
Der Adoptivvater
(THE ADOPTED FATHER)
Seite 110

Jo Clayton
Kamerad
(COMPANIONING)
Seite 125

H. Rüdiger Hipp
Fahrt zur Grenze
(SCIENCE FICTION AUS DEUTSCHLAND)
Seite 197

HEYNE SF-BÖRSE
Seite 212

DAS URTEIL DES LESERS
Seite 224

Sydney J. van Scyoc

Felsfohlen

Noa lehnte zusammengekauert am leeren Schafstall und schaute den Herden nach, die zu ihren Frühjahrsweiden zogen. Langsam erklommen die Tiere den Berghang, und ihre streifiggrauen Felle verschmolzen mit dem dunklen Fels. Bald würde man nur noch die jungen Hirten in ihren verblichenen Umhängen erkennen, bis am Ende auch sie verschwanden.

Traurig wickelte Noa ihren Umhang enger um die schmalen Schultern. Ein paar Stunden zuvor waren ihre Altersgenossen in die einzelnen Gilden aufgenommen worden. Einige lernten bereits, wie man die Winterwolle zu Garn spann, andere, wie man das Garn zu Tuch webte oder das Tuch zuschnitt und nähte. Jene, die von jetzt an zu den Ackerbauern gehörten, schliffen Werkzeug oder richteten alles für die Frühlingsaussaat her. Und wieder andere ... *Andere.* Das war es, was sie schmerzte: Alle anderen hatte man geholt, nur sie nicht. Nachdem die Gleichaltrigen den Gildemeistern gefolgt waren und die Jüngeren ihre Herden zusammengetrieben hatten, war Noa allein im Saal der Jugend zurückgeblieben. Keinem fiel es auf, als sie sich schließlich davonstahl, keiner hatte sie zurückgerufen und gefragt, weshalb sie zu keiner Gilde gehörte.

Keiner *mußte* danach fragen. Ein Blick auf ihren unterentwickelten Körper genügte. Sie war noch unreif wie im Herbst zuvor, da sie sich zum Winterschlaf niedergelegt hatte, so unreif, als habe das kritische fünfzehnte Jahr sie einfach übersprungen und als Kind zurückgelassen.

Mit einem Gefühl der Bitterkeit löste sie sich von der Wand des Schafstalls, huschte um die Ecke – und stand Berger gegenüber. Sie zuckte zusammen und wich einen Schritt zurück.

»Noa, Magdana will dich sprechen.«

Seine Stimme klang dunkel, verändert seit dem letzten Herbst, als er noch ein schlaksiger Halbwüchsiger gewesen war.

Noa schrumpfte unter seinem kühl abschätzenden Blick. Berger hatte sich während der Langen Nacht in einen Mann verwandelt. Seine Schultern waren jetzt breit, an seinem Kinn sprossen Barthaare. Noas Anderssein – ihr Haar, ihre Augen – hatte stets zwischen ihnen gestanden. Nun betrachtete Berger sie, als sei sie ein absonderliches Wesen, das man bestaunte, nicht eine Spielgefährtin. »Sie – was gibt es denn?«

Berger zuckte nichtssagend mit den Schultern. »Sie hatte eine Unterredung mit deinem Vater.«

Und nun wollte sie Noa sprechen. »Ich komme.« Noa schob sich an ihm vorbei und lief auf den Steinbau zu, nicht gewillt, ihre Furcht zu zeigen.

Im Innern herrschte die hektische Geschäftigkeit, die in jedem Frühjahr ausbrach. Erwachsene, bleich vom Langen Schlaf, schleppten Bündel mit Bettzeug zu den Waschküchen oder stutzten das wuchernde Kraut der Leuchtstengel zurück. Aus der Küche drang der Duft der ersten Backwaren.

An den Wänden in Magdanas Raum hingen die Leuchtranken noch lang herunter, und ihr orangegoldener Schein kämpfte gegen das schwache Sonnenlicht an, das durch die erstmals geöffneten Fensterverschläge drang. Juris Magdana wirkte – ein ungewohnter Anblick – ziemlich aufgelöst. Ihre helle Haut war gerötet, und weiße Haarsträhnen quollen unter der Wollkappe hervor. Noas Vater stand vor ihr, die vom Winter abgezehrten Hände ineinander gekrampft, Mißbehagen auf den Zügen. Es war die Zeit des Tages, da er draußen auf dem Feld sein und den Pflug führen sollte.

»Berger hat mich hergeschickt«, erinnerte Noa die beiden Erwachsenen, die sie wortlos anstarrten.

Nach einer Weile nickte Juris Magdana. »Ja. Wie ich von Ahren höre, hattest du auch diesen Winter keine Träume.«

Noa zerrte an ihren Fingern. »Ich – ich träume nie.«

Ebensowenig, wie sie die Stimme des Berges hörte, jenen fremden Ruf, den die anderen vernahmen, wenn das Schlaflaub ausgestreut und der Saal für die Lange Nacht verriegelt wurde.

Magdana schien erzürnt, daß sie sich entschuldigte. »Kind, es ist nichts Schlimmes, wenn diese Wintererlebnisse ausbleiben.«

Und doch mußte es etwas Schlimmes sein. Warum sonst fragten die anderen jedes Frühjahr so ängstlich, ob sie geträumt hatte? Warum sonst betrachteten die beiden Erwachsenen sie jetzt mit gefurchter Stirn? »Nächstes Jahr vielleicht«, murmelte sie, obwohl sie wußte, daß es sinnlos war. Wer bis zum fünfzehnten Frühling nicht geträumt hatte, träumte nie mehr.

Magdana preßte die blassen Lippen zusammen. »Es hat immer Menschen gegeben, welche die Brakrath-Träume nicht empfingen. Früher waren es sogar viele.«

Noa hielt den Atem an. Würde Magdana es aussprechen? Würde sie aussprechen, was alle dachten und keiner sagte? Daß Noa ein Rückfall war, ein genetisches Überbleibsel aus der Zeit, da sich ihr Volk noch nicht an Brakrath angepaßt hatte?

Noas Vater räusperte sich. »Juris . . .«, begann er scharf.

Magdanas Züge wirkten blaß und streng. »Ahren, wir hatten das bereits besprochen.«

»Dann gehe ich jetzt an die Arbeit«, entgegnete er gereizt, »ich habe keine Zeit zu verlieren.« Seine Blicke streiften Noa. »Und wir brauchen im Moment jeden gesunden, kräftigen Helfer.«

»Das Argument bringst du bereits zum zweitenmal«, erinnerte ihn Magdana. »Du kennst meine Antwort. Geh ruhig.«

Er verließ den Raum mit Gepolter, und Noa war allein mit Magdana, die grimmig ihr Kinn vorschob. In ihrem Kopf wirbelten Fragen, für die sie keine Lösung fand. Wie konnte sie ein Rückfall sein, wenn sie die Lange Nacht fünfzehnmal ohne Schwierigkeiten überlebt hatte? Wenn sie die steilen Hänge Terlaths mit dem gleichen Geschick erklomm wie ihre Altersgenossen? Wenn sie nicht mehr Nahrung benötigte als die anderen, um ihr Körpergewicht zu halten?

Aber sie hatte in diesem Winter die Reife nicht erlangt. Und sie war im fünfzehnten Frühling noch ohne Gildenzugehörigkeit. Sie warf Magdana einen schmerzerfüllten, ängstlichen Blick zu.

»Du kennst das Prinzip der Auslese und Anpassung«, erinnerte sie Magdana schließlich. »Du hast die Geschichtsaufzeichnungen gesehen?«

»Ja.« Niemand wußte, wie viele Jahrhunderte die gestrandeten Menschen benötigt hatten, um sich physisch an den rauhen Planeten Brakrath anzupassen. Aber im

Laufe dieser Jahrhunderte waren die Untauglichsten nach und nach ausgestorben, hatten Platz gemacht für eine neue, kräftige Rasse mit dichtem, weißem Haar und hellen Augen. Noa strich sich über die seidigen rotbraunen Locken, die sie nicht weniger von den anderen abhoben als ihre Unfähigkeit zum Träumen. Sie trug einen festen Knoten, in der Hoffnung, daß sie damit vielleicht weniger auffiel. Und ihre Augen – nicht das Eisblau der Gletscher, sondern ein warmer Kupferton . . . »Ich habe die Schriften gelesen.«

»Und du weißt sicher, wie unsere Herdenmeister die Nutztierrassen beeinflußt haben, um eine neue Art zu züchten, die den Gegebenheiten besser entspricht. Die Schafe, die Hühner – sie waren früher anders.«

Noa nickte. Mit gerunzelter Stirn betrachtete sie ihre langen, schlanken Hände. Selbst wenn sie eines Tages die Stimmen des Berges hörte – wurde dadurch ihr Haar dicht und weiß wie das von Magdana, wurden ihre Finger kurz und muskulös?

Magdana seufzte ungeduldig. »Kind, ich spreche nicht von der Auslese *unserer* Rasse! Ich denke an einen Versuch, den unsere Herdenmeister bislang nicht gewagt haben – an die Zähmung einheimischer Geschöpfe.«

Noas Kopf fuhr mit einem Ruck in die Höhe. »Es gibt keine Tiere auf dieser Welt, die sich von uns manipulieren lassen.«

»Du wirst gehört haben, daß wir im letzten Herbst, kurz vor dem Winterschlaf, aus der Siedlung im Süden einen Wiederkäuer erhielten, der in jenen Gegenden häufig anzutreffen ist.«

»Die Feuermähne?« Noa hatte das Geschöpf in seinem Pferch gesehen, eine Stute, die zornig schnaubte und stampfte und den Kopf mit der verfilzten Mähne hin und her schüttelte. »Die hat keinen Nutzen für uns.«

Magdanas Augen verengten sich. »Das meinte dein Vater auch – mit Nachdruck!«

Noa nickte und zählte die Argumente ihres Vaters noch einmal auf: »Sie gibt keine Milch, bietet also keine Gegenleistung für das Futter, das sie erhält. Ihr Fleisch ist zäh und ihr Kot zu scharf als Ackerdung. Außerdem wirkt das Biest alles andere als zahm!«

»Dennoch haben die Züchter im Süden eine ganze Herde von Feuermähnen eingefangen und versuchen aus ihnen Haustiere zu machen. Die wenigsten lassen sich bis jetzt bändigen, aber einer der Hengste geht vor dem Pflug. Und die Stute, die sie uns schickten, wurde von ihm gedeckt. Unsere Herdenmeister möchten sie an die Feldarbeit gewöhnen, sobald sie ihr Fohlen geworfen hat.«

Noa zog die Stirn kraus. »Mein Vater meint, es wird mehr Arbeitsstunden kosten, das Tier zu zähmen als den Pflug selbst zu ziehen.«

»Dann bist du auch der Ansicht, daß man diese Rasse nicht verändern kann? So wie wir im Laufe der Jahrhunderte unsere Schafe verändert haben?«

»Die Feuermähnen sind Brakraths Geschöpfe.«

Magdana seufzte schwer. »Inzwischen sind wir alle Brakraths Geschöpfe, Kind.«

Noa empfand die Antwort als persönlichen Tadel. *Alle bis auf mich?* Hatte es nie andere gegeben, die ohne die Zeichen der Reife aus dem Winterschlaf erwacht waren? Andere mit rotbraunem Haar und dunklen Augen, die man dennoch nicht ausstieß?

Sie schwiegen beide, und die Stille stand wie eine

Mauer zwischen ihnen. Magdana erhob sich. »Unsere Feuermähne hat sich seit dem Herbst etwas beruhigt. Wir möchten, daß sie den Sommer über am Berg weidet und danach abgerichtet wird. Du kennst die Wiese oberhalb der Alm, auf der Bergers Brüder ihre Schafe hüten. Bring sie dorthin und versorg sie, wenn sie fohlt. Solltest du in die Zwangslage kommen, entweder die Stute oder das Junge zu opfern, dann verschon die Stute. Das Fohlen kann ohne sie nicht überleben. Ich glaube nicht, daß die Mutterschafe das Kleine annehmen würden.«

Noas Zorn, der stets dicht an der Oberfläche brodelte, kochte über. »Von den anderen Fünfzehnjährigen würdest du keinen auf eine Almweide schicken!«

Magdanas Augen wurden zu Stein. »Nein.«

»Ich kann die gleiche Arbeit verrichten wie sie.«

»Das glaube ich dir. Aber du bist anders als deine Altersgenossen, warst von Anfang an anders als sie. Niemandem ist das entgangen. Vielleicht spielt der Unterschied keine Rolle. Das läßt sich aber nie herausfinden, wenn ich dich weiterhin so behandle wie die anderen.«

»Juris . . .«

Aber sie stockte, wollte nicht preisgeben, wie tief ihre Bitterkeit ging.

»Die Stute mag im Moment keinen augenscheinlichen Nutzen für uns haben, aber ich will, daß sie sorgfältig gehütet wird. Das Fohlen ist vielleicht wertvoll«, erklärte Magdana mit großer Entschiedenheit.

»Ja«, stieß Noa mühsam hervor. Als Magdana nichts mehr hinzufügte, zog sie sich mit hämmerndem Herzen zurück. Sie war noch nie zuvor öffentlich geächtet worden. Es half wenig, daß ihr Vater sich gegen Magdanas Absicht zur Wehr gesetzt hatte. Noa wußte, daß er es nicht ihretwegen getan hatte, sondern weil er ein kühler Rechner war.

Sie zog sich unbemerkt in die Familienräume zurück. Frauen streiften das schwere Bettzeug ab und bündelten es für die Waschkessel. Sie starrten Noa mit stummer Neugier an. Das Mädchen suchte rasch ein Bündel Kleider zusammen und floh vor ihren Blicken.

Als sie ihren Beutel in der Küche mit Proviant vollgestopft hatte – wieder in aller Eile, um der lauernden Aufmerksamkeit zu entrinnen –, ging sie zu den Ställen. Die Stute stand in einer dunklen Ecke ihres Verschlages; ihre rote Mähne fiel über das struppig graue Fell bis herab zu den Knöcheln. Im Gegensatz zu den meisten Arten von Brakrath lief sie auf vier Beinen. Sie reichte Noa nur knapp bis zur Taille, wirkte jedoch trotz ihrer zierlichen Statur muskulös.

Im Moment war sie hochträchtig und betrachtete Noa mit stummer Rebellion. Ein heiseres Schnauben unterstrich diesen Eindruck. Ihre Ausdünstung war schwer, erdhaft.

Noa betrat den Pferch und schob ein Bein vor. Die Geste, die bei den Schafen ein heftiges Schmeicheln und Kopfreiben ausgelöst hätte, rührte die Feuermähne nicht im geringsten. Das Tier schüttelte seine wirre Mähne und drückte sich noch tiefer in die Ecke. Mit gerunzelter Stirn begann Noa die Stute zu locken.

»Die kommt nicht von selbst.«

Noa zuckte zusammen. Korin von der Züchtergilde war neben sie in den Verschlag getreten. Ihre hellen Augen blitzten verächtlich. »Du mußt ihr einen Strick überstreifen und sie mitzerren. Wenn du Glück hast, geht sie nach einer Weile vielleicht in die gleiche Richtung wie du.«

Korins Blick schmerzte. »Weshalb hat man ihr nicht die Mähne gestutzt?« fragte Noa.

Korin schüttelte den Kopf und tat den leisen Vorwurf mit einer Handbewegung ab. »Sie braucht ihr Körperhaar, um damit das Lager für ihr Junges auszupolstern. Sie reißt sich die Mähne selbst aus, ein paar Stunden, ehe sie fohlt. Dann mußt du sie im Gehege festhalten, sonst schleppt sie ihr Neugeborenes in irgendeine Felsspalte, und du kommst nicht an das Kleine heran.«

»Wie soll sie sich satt fressen, wenn ich sie in einen Pferch sperre?«

»Du bringst sie täglich auf die Weide, behältst sie aber am Strick. Und bau den Pferch nicht allzu hoch! Sie kann kaum noch springen, und die Raubtiere verschaffen sich Einlaß, ob du nun eine hohe Absperrung anbringst oder nicht.«

Noa spürte ein Frösteln. Sie hatte fast jedes Jahr ein oder zwei Schafe an die Bergräuber verloren. Aber nun beaufsichtigte sie ein einziges Tier. Sie nickte stumm, als Korin ihr in allen Einzelheiten erklärte, wie sie die Feuermähne versorgen mußte. Schließlich holte die Frau einen kräftigen Strick und band ihn um den Hals des Tieres fest. »Hier. Du lernst am besten gleich, wie du sie zum Gehen zwingst.«

Das Seil verschwand unter der verfilzten Mähne der Stute. Noa wickelte sich das lose Ende ums Handgelenk und ging mit festem Schritt auf das Tor zu. Das Tier folgte ihr nicht.

Korin seufzte verärgert. »Warte, ich helfe dir! Da – halt ihr ein Büschel Gras unter die Nase – so!«

Gemeinsam lockten sie das starrsinnige Biest aus seinem Pferch und führten es an den anderen Ställen vorbei.

Nach einer Weile trottete es in stummer Resignation hinter ihnen her, schwerfällig auf seinen kurzen Beinen, die Augen von der Mähne verdeckt.

»Immer weitergehen«, befahl Korin dem Mädchen. »Sobald sie stehenbleibt, fängt für dich die ganze Arbeit von vorne an.«

Mit diesem Tier also sollte sie die gesamte warme Jahreszeit verbringen? Sie konnte nicht einmal anhalten, um ihrem Gefühl der Verlassenheit nachzuhängen, als Korin kehrtmachte und sie allein zurückblieb. Wenn die Stute jetzt bockig wurde . . .

Verbissen zog Noa die Feuermähne hinter sich her, bis sie die unteren Hänge erreichten. Hoch droben konnte sie ein paar Herden erkennen, die sich zu den Almweiden hinaufquälten. Sie hatte nicht den Wunsch, mit ihrem struppigen Schützling den jungen Hirten zu begegnen. So verlangsamte sie ihre Schritte, und auch die Stute trottete gemächlicher dahin.

Im Laufe des Nachmittags stellte sich bei Noa und der Feuermähne Müdigkeit ein. Das Mädchen machte Rast und ließ das Tier grasen. Dann lockte sie es mit einer Handvoll besonders zartem Futter weiter. Zweimal verließ sie den Weg, um Herden mit träg dahinzockelnden Schafen auszuweichen.

Der Abend dämmerte, als sie die Weghütte erreichte, die Magdana ihr als Behelfsquartier zugewiesen hatte. Zum erstenmal seit dem Verlassen des Tals spürte sie die volle Last ihrer Einsamkeit. Es war frostig am Berghang. Nebel verhüllte die Steinbauten in der Tiefe. Schon sammelten sich Schatten um die Felsblöcke, die in der Nähe der Hütte aufragten.

Noa hielt die Feuermähne fest am Strick, als sie die Hüttentür aufstieß. Bettzeug und Kochgeräte waren in Ordnung, aber wuchernde Leuchtstengel verbreiteten im Innern einen grellen Schein. Sie mußte das Zeug noch zurechtstutzen, ehe sie sich zum Schlafen niederlegte.

Die Stute zerrte am Strick, strebte einem Grasfleck in der Nähe der Hütte zu. Einen Moment lang lockerte Noa ihren Griff, doch dann packte sie erschrocken das Seil. Sie durfte ihren Schützling nicht loslassen. Und es gab hier keinen Pferch, in dem sie das Tier für die Nacht unterbringen konnte.

Ratlos musterte sie die Feuermähne. Mit einemmal empfand sie ihre Umgebung als bedrückend. Immer hatte ein Bruder, eine Schwester oder eine Kusine sie begleitet, auch wenn eine Kluft zwischen ihnen war, der Abstand, den normale Halbwüchsige zwischen sich und die Andersgeartete legten. Und sie hatte die Schafe gehabt, die sich an ihre Beine drängten, die wolligen Köpfe gegen ihre Knie rieben und ihre Aufmerksamkeit forderten. Nachts hatten sie sich nahe der Hütte zusammengedrängt und darauf gewartet, daß sie am nächsten Morgen die Tür öffnete.

Wenn sie dagegen die Stute allein ließ, verschwand das Tier. Und es würde auch nicht auf ihren Ruf zurückkehren. Sie hatte keine andere Wahl als es diese eine Nacht mit in der Hütte einzusperren.

Die Feuermähne beantwortete ihren Entschluß mit einem rebellischen Schnauben. Noa sammelte frisches Grün, um ihr das Gefängnis zu erleichtern. Als sie die Tür schloß, wanderte die Stute nervös durch den kleinen Raum und stupste die überhängenden Leuchtstengel mit der Nase an. Hastig schnitt Noa das Kraut zurück und warf es ins Freie.

Sie wartete, bis das Tier sich in einen Winkel der Hütte zurückzog, ehe sie ihren Rucksack öffnete. Während des Essens behielt sie es mißtrauisch im Auge. Endlich hängte sie ihre Sachen an einen Haken und legte sich in das schmale Bett, gefaßt auf eine unruhige Nacht. Die Stute beobachtete sie mürrisch unter der dichten Mähne hervor.

Ohne es zu merken, sank Noa in einen tiefen, erschöpften Schlaf.

Sie erreichten die Alm am dritten Tag. Die winzige Hütte, die Noa den Sommer über bewohnen sollte, schien im Mittelpunkt des Schweigens zu liegen. Hoch oben griffen Terlaths schroffe Gipfel in den Himmel, faßten nach der Mittagssonne. Der Felspfad wurde schmaler und verlor sich ein kurzes Stück hinter der Hütte. Die nächstgelegene, bewohnte Alm lag tiefer am Berg, eine Stunde Fußmarsch entfernt. Über ihr gab es nur höhlenzerfressene Felsflanken und die Raubtiere, die darin wohnten.

Mit einem Schauder zerrte Noa die widerspenstige Stute in die Hütte, dann kehrte sie selbst ins Freie zurück und schob den Riegel vor. Sie achtete nicht auf das laute Protestgeschrei der Gefangenen. Die Feuermähne hatte den ganzen Vormittag gegen sie angekämpft und bei jedem Schritt schrill gewiehert. Noas Hände waren aufgescheuert vom rauhen Seil. Sie hatte nicht die Absicht, noch einmal die Hütte mit dem Tier zu teilen. Jeden Morgen hatte es sich in aller Frühe über sie gebeugt und sie herausfordernd angestarrt, um dann mit Zorngeschnaube durch die winzige Hütte zu trappeln.

Rasch begann sie Steine für einen Pferch zu sammeln. Holz war in dieser Höhe knapp, und die wenigen Knüppel, die herumlagen, sahen zäh und knorrig aus. Während der Arbeit warf Noa zuweilen einen Blick zu den Gipfeln. Hoch droben kreiste ein Silbervogel, erprobte seine Schwingen in der frostigen Luft. Wenn sie seine scharfen Augen hätte und sehen könnte, wo Raubtiere lauerten . . .

Aber sie besaß nur Menschenaugen. Nicht einmal Schafe waren in der Nähe, um sie bei Ankunft eines Räubers zu warnen.

Sollte sie sich zu den Höhen hingezogen fühlen? Von Anfang an hatten die gestrandeten Menschen behauptet, daß die Berge eine mystische Macht auf sie ausübten, sie mit Kräften unterstützten, die ihnen im Normalfall nicht zur Verfügung standen. Es gab Geschichten von jungen Hirten, die einst in höchster Not die Macht des Berges angerufen und so ihre Angreifer überwältigt hatten.

Noa jedoch hatte nie jene geheimnisvolle Bindung zu Terlaths felsigen Hängen verspürt. Sie hatte sich von nichts anderem zu dem Berg hingezogen gefühlt als von der Notwendigkeit, ihre Schafe zu weiden. Durch ihre Adern strömte nicht der Puls seiner Macht, und sie hatte nie den Eindruck gewonnen, daß sie in einer Krise von einer fremden Macht zehren konnte.

Ebensowenig wie sie die Winterträume oder die Bergstimmen empfing.

Gedankenverloren schichtete sie Stein auf Stein, bis sie einen kleinen Pferch geschafften hatte. Würde sich das Tier gegen das Gefängnis auflehnen? Oder sich einfach in eine Ecke zurückziehen und Noa grollend anstarren? Sie wußte nicht einmal, zu welchem Zeitpunkt das Fohlen auf die Welt kommen sollte. Die Tragzeit der Feuermähnen war noch nicht ermittelt.

Entgegen Korins Rat baute sie die Mauer brusthoch und

errichtete ein provisorisches Gatter aus einem Geflecht verkrüppelter Äste. Dann häufte sie zartes Gras in die Mitte der Umfriedung und drängte die Feuermähne von der Hütte in das Gehege.

Selbst frisches Futter schien die Stute nicht über das Eingesperrtsein hinwegzutrösten. Sie trampelte in dem kleinen Geviert umher, schnaubte und warf die verfilzte Mähne zurück, so daß man das böse Glitzern ihrer Augen sah. Aber zu Noas Erleichterung versuchte sie nicht, den lose aufgeschichteten Wall einzurennen. So überließ sie das Tier seiner schlechten Laune und begann Suppendisteln für das Abendessen zu sammeln.

Im Laufe der nächsten Tage pendelte sich ein Rhythmus ein, der Noa nur zum Teil befriedigte. Die Feuermähne, verärgert über ihr Gefängnis, trabte die halbe Nacht durch den Pferch, wobei sie abwechselnd schnaubte oder ein schrilles Gewieher ausstieß. Mehrmals trug Noa ihr Bettzeug nach draußen und hielt im Freien Wache. Einmal vernahm sie in der Ferne das heisere Gebrüll eines Gipfelstürmers. Bei diesem Laut wurde die kleine Stute ganz still und starrte Noa angespannt an. Zum Glück erklang der nächste Schrei des Gipfelstürmers ganz schwach und weit entfernt.

Im Morgengrauen beruhigte sich das Tier, und Noa konnte ein paar Stunden schlafen. Als sie gegen Mittag aus der Hütte kam, näherte sich die Stute schwerfällig dem Gatter und drängte den Kopf murrend gegen das Seil.

Sie verbrachten den Großteil des Nachmittags auf der Weide, den Strick der Feuermähne locker um Noas Handgelenk geschlungen. Sie wußte, daß sie dem Tier nur trauen konnte, solange es an sie gefesselt war. Die Stute beobachtete sie unauffällig, wenn sie nicht gerade über die Berghänge hin spähte. Noa ließ sich nie dazu verleiten, den Strick loszulassen.

Sie achtete sorgfältig auf jede Kleinigkeit, die vielleicht das Herannahen der Geburt verkündete. Der Leib der Stute unter dem zottigen Fell schwoll mit jedem Tag auf der Weide stärker an. Und es lag etwas Neues in ihrem Verhalten: sie schien zu warten – zu horchen und zu warten. Halb unterbewußt ließ sich Noa davon anstecken. Sie begann ebenfalls zu warten. Und mit jedem Tag, der verstrich, verdrängte eine unerklärliche Vorfreude ihre dem Alleinsein entsprungene Bitterkeit.

In der fünften Nacht war dieses Gefühl besonders ausgeprägt. Die durchdringenden Schreie der Stute weckten sie dreimal, und stets trat sie auf die Schwelle und starrte über die steinige Weide hinweg. Nindra und Zan segelten hoch am klaren Himmel und ließen Gras und Fels silbern schimmern. Hinter der Hütte rührte sich nichts.

Doch das viertemal hörte Noa das Poltern von Steinen. Sie erstarrte und drückte sich gegen die Hüttenwand, jeden Muskel angespannt. Sie hatte am Vortag, als sie die Stute auf die Weide führte, die Spuren eines Breeterlik gesehen. Und in klaren Frühlingsnächten jagten Wildkatzen in Rudeln und zerfetzten alles, was ihnen unter die Klauen kam.

Anstatt sich ganz ruhig zu verhalten, raste die Feuermähne in den entferntesten Winkel ihres Pferchs, warf den zottigen Kopf weit zurück und stieß einen gellenden Schrei aus. Der Laut rieselte durch Noas Bewußtsein und bannte sie an den Fleck.

Wieder hörte sie das Rollen von Steinen, näher diesmal,

dicht über der Hütte. Sie schob sich vorsichtig bis zur Tür. Sie besaß nur einen stumpfen Pickel zur Verteidigung. Da sie die meiste Zeit den Strick der Feuermähne um das Handgelenk trug, war sie noch nicht dazugekommen, ihn zu schärfen.

Dann sah Noa das Geschöpf, das im Schatten der verstreuten Felsen lauerte. Es trat hinter einem großen Block hervor und kam auf allen vieren über die Weide gejagt, in schnellen und doch eleganten Sprüngen. Es war eine zweite Feuermähne mit langem, wehendem Schopf und kräftigen Muskeln, die man selbst unter dem zottigen Fell gut erkennen konnte. Sie trabte auf den Pferch zu, warf den Kopf in der gleichen Weise zurück, wie es Noa bei der Stute gesehen hatte, und stieß eine Reihe kehliger Laute aus.

Noa stand wie erstarrt da, ein kribbelndes Gefühl im Nacken. Sie hatte die Stute nie frei laufen gesehen, hatte nie die Grazie dieser Rasse kennengelernt.

Ebensowenig hatte sie auf Terlaths Hängen je eine Feuermähne erspäht. Soviel sie wußte, lebten diese Geschöpfe ausschließlich in den Ebenen des Südens.

Das zweite Tier erreichte den Pferch und schob den Kopf über die Steinbrüstung. Die beiden Artgenossen rieben die Schnauzen aneinander, schnaubten und wieherten leise und stampften mit den harten Sohlen gegen den Fels. Einmal stieß Noas Stute einen Laut aus, der schwach an ihr schrilles nächtliches Rufen erinnerte.

»Du hast ihn herbeigelockt!« erkannte das Mädchen. Nicht aus Furcht hatte die Stute geschrien, sondern um ihren Gefährten zu verständigen. Als Noa diese Tatsache bewußt wurde, trat sie um den Pferch herum und spähte hinauf zu den Felsblöcken, hinter denen die fremde Feuermähne hervorgetreten war. Nichts rührte sich in den Schatten. Und sie hörte keinen Laut außer dem Begrüßungsschnauben der beiden Tiere.

Vorsichtig näherte sie sich dem Neuankömmling. Der Hengst war so mit seiner Gefährtin beschäftigt, daß er nicht scheu wurde, als Noa erst die eine, dann die zweite Pfote hochhob. Die Sohlenballen waren gespalten und zerfetzt, als habe er eine weite Strecke zurückgelegt. Und um den Hals entdeckte sie bei näherem Hinsehen die Reste eines Ledergeschirrs.

Also kam er aus dem Süden, von den Feldern der Siedler, wo er nach Auskunft der Züchter willig den Pflug gezogen hatte. Auf der Suche nach seiner Gefährtin war er über das Gebirge gekommen. Und Noa hatte seine Nähe gespürt, weil die Stute absolut sicher mit seinem Kommen gerechnet und eine Aura der Vorfreude ausgestrahlt hatte.

Später fragte sie sich oft, was ihre nächsten Schritte bestimmt hatte, welcher angeborene Instinkt dieser Welt, die sie mit den Feuermähnen teilte. Ohne nachzudenken, trat sie an das primitive Gatter und zerrte die verflochtenen Äste zur Seite.

Wie hatte der Hengst seine Gefährtin in der Gebirgswelt von Brakrath gefunden? Als das trächtige Tier, das sie mit sanfter Gewalt den Pfad hinaufgeschleppt hatte, durch das offene Gatter trat, genügte es ihr, daß die beiden wieder zusammen waren, genügte es, daß sie einander spielerisch mit den Schnauzen anstupsten, ehe sie weiter zu den Felsblöcken trabten. Geröll löste sich unter ihren Hufen. Einen Moment lang standen sie da, Elementargestalten, umrissen vom Mondlicht. Dann verwandelten sie sich in Schatten.

Und schließlich waren sie verschwunden. Noa spähte lange Zeit zu den Felsblöcken hinüber, ehe sie in die Hütte zurückkehrte und die Tür verriegelte.

Sie erwachte am nächsten Morgen von einem Rütteln an der Tür. Mit aufgelöstem Haar, eine Decke um die Schultern gewickelt, öffnete sie. Zum erstenmal seit ihrer Ankunft hier oben hatte sie tief und fest geschlafen.

Bergers jüngster Bruder stand draußen, das Gesicht vom Laufen gerötet. »Ich wollte dir nur Bescheid sagen, Noa – wir haben letzte Nacht drei Mutterschafe und zwei Lämmer durch Wildkatzen verloren. Marid trug mir auf, dich zu warnen.«

Normalerweise hätte Noa jetzt einen scharfen Stich der Furcht gespürt. Es fiel schwer genug, die Herden gegen einen einzelnen Räuber zu verteidigen. Gegen die bösartigen, klauenbewehrten kleinen Biester, die in Rudeln jagten, kam man so gut wie gar nicht an. Doch an diesem Morgen sagte sie nur: »Das tut mir leid für euch!« Ihre Stimme klang ungerührt, wie aus weiter Ferne.

Perrid starrte sie an und zog die Stirn in Falten. Dann sah er den leeren Pferch.

»Wo ist die Feuermähne?«

»Ich habe sie freigelassen«, hörte sich Noa sagen. »Beide.«

»Beide?«

»Ja, beide.« Sie merkte, daß er auf eine Erklärung wartete, und wickelte die Decke enger um sich. »Ich sage euch Bescheid, falls ich Spuren von Wildkatzen entdecke. Vor einigen Nächten hörte ich einen Gipfelstürmer, aber er kam nicht näher.« Damit schloß sie die Tür.

Später überlegte sie, was er wohl gedacht hatte, als er

den Pfad wieder hinunterwanderte, was er seinem Bruder und seinen Vettern gesagt hatte.

Die Züchter glaubten, sie könnten die Feuermähnen unterwerfen, dachten, es sei ihnen bereits gelungen, eine davon zu zähmen. Aber die Tiere lebten nach ihrem eigenen Gesetz, und dieses Gesetz kannten die Menschen noch nicht. Ganz bestimmt hatte Magdana nicht gewußt, daß der Hengst die Berge überqueren würde, um seine Gefährtin zu suchen.

Es gab vieles, was Magdana nicht wußte, vieles, was die anderen nicht wußten.

Würde beispielsweise einer von ihnen begreifen, warum Noa ihre Habseligkeiten packte und die Hütte verließ, um sich auf die Suche nach den Feuermähnen zu machen? Wie sollten die Bewohner des Steinbaus sich auch vorstellen, welche Stimmen sie riefen, wenn keiner von ihnen diese Stimmen je zuvor gehört hatte?

Noa schlang ihr Haar zu einem Knoten, warf sich den Wandersack über eine Schulter und ging. Der Berg, der nie zu ihr gesprochen hatte, schwieg auch jetzt. Er lag stumm und reglos unter ihren Füßen. Dennoch führte *etwas* sie über die Felsen und sprießenden Weiden, führte sie auf die schwache Spur der Feuermähnen.

Manchmal wanderte sie stundenlang dahin, ohne ein Zeichen vom Durchzug der Tiere zu sehen. Aber sie kannte die Richtung, die sie einschlagen mußte, und sie folgte der schrägen Fährte, die sich am Berghang auf und nieder schlängelte. Während des langen Marsches machte sie sich keine Gedanken, weshalb sie den Feuermähnen nachzog. Sie ließ sich einfach von ihren Füßen tragen.

In der ersten Nacht schlief sie allein am Berg,

schreckte ein dutzendmal bei den leisesten Geräuschen auf. Später huschte sie hinter einen mächtigen Felsblock, als ein Bergleopard seine unsichtbare Beute durch die verstreuten Geröllbrocken verfolgte, geschmeidig und geduckt von Schatten zu Schatten springend. Ein kurzer Schrei ein paar Minuten später verriet ihr, daß die Jagd erfolgreich gewesen war. Noa fröstelte und blieb bis zum Morgen in ihrem Versteck.

Spät am Nachmittag näherte sie sich der Felsenspalte, in der die Feuermähnen Unterschlupf gefunden hatten. Die Tiere beäugten sie mißtrauisch. Die Stute hatte sich das lange, zottige Haar ausgerissen und es zu einem breiten, weichen Lager festgetrampelt. Sie lag darin, nur von einem weichen silbergrauen Flaum geschützt. Zum erstenmal konnte Noa den ausgewogenen Knochenbau erkennen, das Spiel der Muskeln zwischen Schultern und Kruppe. Selbst von seiner langen Mähne hatte sich das Tier getrennt. Es schaute mit merkwürdig verwundbaren Augen zu ihr auf.

»Ich hole dich nicht zurück«, sagte sie ruhig.

Meinte sie das im Ernst? Der Hengst hatte sich geweigert, weiter als Zugtier zu arbeiten, als er seine Gefährtin hochträchtig in den Bergen wußte. Würde er vielleicht seine Arbeit wieder aufnehmen, wenn man ihnen erlaubte, zusammenzubleiben? Das Pflügen der steinübersäten Felder war eine mörderische Arbeit für Menschen. Fast immer litten die Bauern viel zu früh an Wirbelsäulen- und Gelenkschäden, liefen mit gekrümmtem Rücken und steifen Gliedern umher. Hatte Noa das Recht, den Zähmungsversuch der Feuermähnen von sich aus abzubrechen?

Das Fohlen kam früh am nächsten Morgen zur Welt, ein

zappelndes, temperamentvolles Ding mit weichem Silberfell. Bald nach der Geburt richtete es sich auf und stieß ein helles Wiehern aus, das von beiden Eltern beantwortet wurde.

Zwei Tage lang blieb Noa in der Felsenschlucht, während die erwachsenen Tiere ihr Fohlen umsorgten. Am zweiten Tag ließen sie es zu, daß sie sich dem Kleinen näherte und seine plüschweichen Flanken streichelte. Sie wußte, daß sie nur das Seil um den Hals des Fohlens streifen mußte, damit die Eltern ihr folgten – bis ins Tal hinunter.

Sie kramte den Strick aus ihrem Packen und knotete eine Schlaufe in das eine Ende. Hengst und Stute beobachteten sie mit Unbehagen und stießen ängstliche Knurrlaute aus. Dennoch trennten sie Noa nicht von dem Fohlen.

Sie wußten, daß sie es nicht fertigbrachte, dem Kleinen das Seil anzulegen. Mit einem Seufzer warf Noa den Strick beiseite und holte frisches Gras zum Zeichen der Reue. Wenn sie dazu bestimmt war, die Feuermähnen zu Tal zu bringen, würde sie es spüren, so wie der Hengst gespürt hatte, wo er seine Gefährtin finden konnte.

Am dritten Tag verließen die Feuermähnen die Schlucht und zogen an der Stelle vorbei, wo Noa neben ihrem Wandersack saß. Hengst und Stute hatten das Fohlen zwischen sich genommen.

Ihr Weg schien auf Geratewohl über Terlaths Flanken zu führen. Dennoch stellte Noa fest, daß sie am Ende des Tages stets ein Stück weiter südlich ankamen; sie machten jedoch nicht den Versuch, die Felsregionen zu verlassen und den aneinander gereihten Tälern zu folgen, die sie letzten Endes in die Heimat bringen würden. Stattdessen hielten sie sich ein gutes Stück oberhalb der Almen, auf denen die Jungen und Mädchen aus Noas Dorf die Schafe hüteten. Manchmal blieb Noa stehen und schaute hinunter zu den Herden und Hirten. Sie fühlte keine Bindung mehr zu ihnen, hatte nicht das Verlangen, hinabzusteigen und nach Neuigkeiten aus dem Tal zu fragen.

Das ist mein Traum, erkannte sie eines Morgens, als sie zum Frühstück frisch gepflückte Beeren aß, während die Feuermähnen in der Nähe grasten. Ihr Leben lang hatte sie darauf gewartet, im Schlaf zu träumen, die Stimmen zu hören, die nach den Worten der anderen vom Berge kamen. Aber sie war nicht wie die anderen. Ihren Traum erlebte sie im Wachzustand. Die Stimme, die sie hörte, kam aus ihrem Innern.

Ihr Traum zwang sie, den Feuermähnen auf der Wanderschaft zu folgen und so die Gesetze ihrer Rasse zu erlernen – eine Mühe, der sich kein einziger der Züchter unterzogen hatte. Es waren keine Gesetze, die sich erklären oder beschreiben ließen. Es waren die Gesetze fremder Sinne, Gesetze, die von der Wahl der Wege, von Weiden und von Paarung handelten. Es waren Gesetze, die das Überleben des einzelnen und letzten Endes der ganzen Rasse sicherten.

Noa begann diese Gesetze zu verstehen.

Zugleich begann sie auf ihre eigenen Stimmen zu hören, Stimmen, die sie nicht wegen ihres Andersseins demütigten. Sie löste ihren Knoten und ließ das braune Haar lose fallen. Sie entblößte ihre Arme in der Mittagssonne, und sie nahmen den gleichen tiefen Bronzeton an wie ihr Gesicht. Sie betrachtete sich in den Bergtümpeln, ehe sie trank, und erkannte sich kaum wieder. Die Züge waren reif geworden, ausgeprägt.

Aber immer noch hörte sie nicht die Stimme, die ihren Körper zur Reife drängte. Sie folgte den Feuermähnen und horchte in sich hinein.

Jeder Traum geht zu Ende. Die Sommeridylle der Feuermähnen endete an einem hellen Nachmittag nahe einer Gebirgsquelle. *Felsfohlen,* wie Noa das Junge genannt hatte, jagte fröhlich über das Gras und sprang auf das Wasser zu. Noa hatte das Gefühl, als liefe sie an seiner Seite und teilte seine Lebensfreude.

Zu spät erkannte sie, weshalb beide Eltern in den klaren Tümpel starrten, zuerst ein scharfes Knurren und dann ein schrilles Wiehern ausstießen. Sie hatte noch nicht gelernt, auf welche Weise die Tiere vor dem Auftauchen einer Gefahr warnten.

Und Felsfohlen wußte nicht, was ein Giftstichling war. Es tollte umher und sah nicht den Schatten, der dicht unter dem Wasserspiegel dahinschoß.

Nun trat das Gesetz der Feuermähnen in Kraft. Die Stute wieherte schrill und blieb stehen, während der Hengst vorwärtsstürmte und das Fohlen anschrie. Das Kleine schaute auf, einen Moment abgelenkt von der Wonne des Umherplanschens. Als es den Kopf hob, entdeckte es endlich den gleitenden Umriß. Das Wiehern seiner Mutter verriet ihm, daß er diesen Schatten fürchten mußte. Aber die Beine keilten im Schreck hilflos aus und versagten den Dienst.

Der Hengst dagegen stampfte mit sicheren Schritten vorwärts. Er schob sich zwischen das Fohlen und den Giftstichling. Doch obwohl er seinen Kopf mit einem Ruck hochwarf, als er ins Wasser watete, traf ihn der Stachel des Giftstichlings an der Nase und drang in das empfindliche Fleisch.

Als Hengst und Fohlen den Tümpel verließen, hielt Noa vor Schmerz den Atem an. Sie wußte, wie das Gift des Stichlings auf Menschen und Schafe wirkte. Und es gab kein Gegenmittel, keine Hilfe, außer die Feuermähnen besaßen von Natur aus eine gewisse Abwehrkraft.

Die beiden erwachsenen Tiere wußten, daß dies nicht der Fall war. Der Hengst trabte über das Gras, schnaubend und um sich schlagend, und schüttelte immer wieder den Kopf. Die Stute stellte sich schützend zwischen ihn und ihr Fohlen und wieherte eine schrille Warnung. Voller Angst schubste sie das Kleine in den Schutz einiger großer Steinbrocken.

Innerhalb weniger Sekunden überkam den Hengst die Tollheit. Seine Augen wurden starr, und er atmete in kurzen Stößen. Mit gesenktem Kopf blieb er einen Moment stehen und maß die kurze Strecke, die ihn von seiner Familie trennte. Die Stute erstarrte, versuchte dazustehen wie ein Fels, unbeweglich, unverletzlich. Aber sie konnte nicht vermeiden, daß ihre Flanken heftig zitterten.

Das reichte, um den wahnsinnigen Hengst aufzureizen. Er bleckte die Zähne und stürzte sich mit einem furchterregenden Trompeten auf sie. Die harten Sohlen trommelten über den Felsboden.

Die Stute stieß einen Laut aus, der eher ein Wimmern als ein Schrei war. Sie scheuchte das Fohlen hinter die Felsen, drückte es in die Knie und spreizte die Beine, um dem Angriff ihres Gefährten besser standzuhalten.

Der Traum war zerschellt, aber Noa zog nun lange genug mit den Feuermähnen durch die Berge, um ihre Gesetze zu teilen. Mit einem kurzen Schulterruck streifte sie den hinderlichen Packen ab und schloß die Finger fest um den Stiel des Pickels. Sie hatte ihn schon Tage zuvor geschärft, weil sie damit rechnete, Raubtieren zu begegnen.

Das Wimmern der Stute war ihr eigenes, als sie sich zwischen die bedrohten Tiere und den angreifenden Hengst warf. Sie hörte sich schluchzen, als sie den Pickel hob. Mit Felsfohlens Geburt war ein neues Bewußtsein in ihr herangereift. Sie spürte eine enge Bindung zu den drei Geschöpfen, zur Rasse der Feuermähnen. Ihr Fleisch war das eigene. Nun schien sie die scharfe Eisenspitze gegen sich selbst zu richten.

Getrieben von dem Wissen, daß es um Leben und Tod ging, stieß sie den Pickel geschickt zwischen die Knochenplatten, die das Herz des Hengstes schützten. Durch die Gewalt seines Ansturms sorgte das Tier selbst dafür, daß die Spitze tief genug eindrang. Entsetzt hielt der Hengst an; sein starrer Blick wirkte einen Moment lang fast normal. Dann überlief ihn ein Zittern, und er brach zusammen.

Stille lag über Tümpel und Weide. Noa entfernte die Eisenspitze aus dem Herzen des Tieres und den Stachel aus seiner Nase. Dann schichtete sie einen Steinhügel über den Kadaver und führte Stute und Fohlen weg. Sie trauerten gemeinsam, Feuermähnen und Hirtin, als sie den felsigen Hang hinab zu Tal wanderten.

Es hatte den Anschein, als sei sie länger fort gewesen denn einen Sommer. Alles wirkte zusammengerückt: Ställe, Scheunen und Steinhalle. Selbst die Menschen, die stehenblieben und sie anstarrten, als sie mit Felsfohlen im

Arm vorüberkam, waren kleiner als vorher. Ihre Gesichter sahen bleich und verkniffen aus. Falls jemand aus ihrer Familie dabei war – sie erkannte ihn nicht.

Und die anderen erkannten *sie* nicht.

Selbst Magdana hatte etwas von ihrer Größe und Macht verloren, als Noa ihr gegenübertrat. Sie erhob sich von ihrem Stuhl und schaute verständnislos zu dem Mädchen auf.

»Es ist mir gelungen, das Fohlen und die Mutter durchzubringen«, sagte Noa, als Magdana immer noch schwieg. »Der Hengst fiel einem Giftstichling zum Opfer.«

Magdana fuhr sich mit der Zunge nervös über die Lippen. Endlich erkannte sie Noa. »Ja – ein Läufer aus dem Süden war da. Er berichtete, daß der Hengst, den sie an den Pflug gewöhnt hatten, seine Zugriemen zerriß, als man mit den Frühjahrsarbeiten auf den Feldern begann.«

Er hatte also wirklich den Weg zum Terlath in wenigen Tagen zurückgelegt, hatte sich die Sohlen wundgelaufen, um bei seiner Gefährtin zu sein, wenn das Fohlen zur Welt kam. »Was erzählte er über die Feuermähnen? Haben die Leute im Süden das gleiche in Erfahrung gebracht wie ich?«

Magdana bemühte sich, Haltung zu gewinnen. »Ich weiß nicht, was du in Erfahrung gebracht hast, Noa.«

»Und ich kann es nicht ausdrücken.« Vorsichtig stellte Noa das Fohlen ab. »Es wird in drei Jahren geschlechtsreif sein und sich eine Partnerin suchen. Seine Mutter braucht schon diesen Herbst einen Gefährten, wenn sie wieder in Hitze kommt.«

»Sie – ja.« Aber Magdana schaute weder das Fohlen noch die Stute an. Ihr Blick blieb auf Noa geheftet. »Werden sie eines Tages den Pflug für uns ziehen? Weißt du das?«

»Ich halte es für möglich«, erwiderte Noa geistesabwesend. Es schien völlig normal, daß Magdana Fragen an sie richtete. »Ich glaube, sie werden für kurze Zeiträume auf unserem Land leben, wenn wir es zu dem ihren machen.«

»Ich verstehe. Und ich nehme an, daß die Züchter für eine gewisse Auslese sorgen müssen«, tastete sich Magdana vor. Noa spürte, daß sie auf die Probe gestellt wurde.

»Die Züchter sollen ihre Ausleseverfahren weiter bei Schafen und Suppenhühnern anwenden«, erklärte sie mit schwacher Verachtung. »Und bei Menschen – denn wir kamen von einer anderen Welt und mußten uns ändern, um auf Brakrath überleben zu können. Die Feuermähnen aber waren von Anfang an hier. Sie müssen sich nicht ändern.«

Magdana runzelte die Stirn. »Wenn sie uns je dienen sollen . . .«

Noa schüttelte den Kopf. »Sie werden uns nicht *dienen.* Sie werden neben uns leben und erlauben, daß wir neben ihnen leben. Vielleicht erlernen sie sogar die Gesetze unserer Rasse, wenn wir uns die Mühe machen, die ihren zu erlernen. Wenn sie je für uns arbeiten, dann wird es eine freiwillige Hilfe von ihrer Seite sein.«

Ein langes Schweigen dehnte sich zwischen Noa und Magdana. Schließlich nahm Magdana wieder Platz. Sie wirkte unendlich müde. »Du warst schon immer anders, Noa.«

Noa schaute an sich herunter. Sie war jetzt voll entwikkelt. Mit dem Tod des Hengstes hatte ihre Reife eingesetzt. Ihre Arme und Beine waren lang, kräftig und tief gebräunt. Ihre Augen leuchteten wie Kupfer. Sie war größer als alle anderen Bewohner des Steinbaus, dunkler – stiller. Sie hatte das Schweigen auf dem Berg gelernt, als sie ihren eigenen Stimmen lauschte.

»Es ist schwer, das Ergebnis vorherzusagen, wenn ein Kind auf die Welt kommt, das nicht den anderen gleicht. Brakrath hat uns im Laufe der Jahrhunderte so sehr verändert, hat die Eigenschaften betont, die es uns gestatten, hier zu überleben. Wenn ich ein Neugeborenes anschaue, wie soll ich da erkennen, ob es ein Rückfall ist, ungeeignet für das Leben auf dieser Welt, oder ein . . .« Magdana zog die Stirn kraus. ». . . ein Vorläufer? Der Träger eines Talents, von dem wir keine Ahnung haben. Ein Hinweis auf das Erscheinen weiterer unbekannter Gaben. Ich fürchte, die Träger neuer Talente sind oft einsam, Noa.«

Sie war einsam gewesen, von Geburt an. Noa nahm Felsfohlen wieder in den Arm. Sie hatte gemerkt, wie weit und in welche Richtung ihre Stimmen sie getragen hatten. Während sie ihnen lauschte, hatte sie die Grenzen zur Reife überschritten – und die Gemeinschaft der Steinhalle hinter sich gelassen.

Würde sie umkehren, wenn sie konnte? Umkehren und alles aufgeben, was sie gelernt hatte, nicht nur über die Feuermähnen, sondern, durch sie, über Brakrath, ihr Land? »Ich muß die Stute in den Süden bringen, damit sie dort einen Gefährten findet«, sagte sie schließlich. »Die Tiere gewöhnen sich eine Zeitlang aneinander, ehe die Paarung beginnt.«

»Du wirst sie mit einem Hengst aus der Herde zusammenbringen, welche die Leute im Süden eingefangen haben?«

»Sie wird ihren Gefährten selbst wählen, sobald wir dort sind.« Sie drückte das Silberfohlen enger an sich, Fleisch ihrer Träume, Gehalt der Stimmen, die sie geführt hatten. »Wir brechen morgen auf.« Aber etwas schien noch ungesagt. Sie tastete danach.

Magdana fand die Worte für sie. »Möchtest du, daß wir dich vorher in einer der Gilden aufnehmen? In die der Züchter vielleicht?«

Noa überlegte. Der Gildenstatus half ihr vielleicht, die völlige Isolation von der eigenen Rasse abzuwenden. Aber sie gehörte jetzt einer anderen Rasse an, einem älteren, ruhigeren Schlag. Sie würde nicht einsam sein. »Nein«, sagte sie. »Das ist nicht mehr nötig.«

Aus dem Amerikanischen übersetzt von Birgit Reß-Bohnsch

Gordon Dykstra

Zerbrochenes Spielzeug

Doktor Graham war unruhig. Er steckte wiederholt die Hände in die Taschen seines Medizinerkittels und zog sie wieder heraus, als wüßte er nicht, wohin mit ihnen. Und er wußte es tatsächlich nicht. Viele Leute verhalten sich so, wenn sie mir zum erstenmal begegnen – ich habe mich nie ganz daran gewöhnt. Oberflächlich gesehen war Graham ein einigermaßen annehmbarer Mann mit dunklem, aus der schmalen Stirn gekämmtem Haar und glattem Kinn; aber er neigte dazu, seinen Blick von meinem Gesicht abgleiten zu lassen und ihn an irgendeinen unbestimmten Punkt in der Ferne zu heften. Er mochte mich nicht. Ich meine das nicht als Urteil, es ist einfach eine Tatsache.

Doktor Birmingham, der Mann, der mich am Eingang erwartet hatte, gab mich ohne viele Umstände weiter und ging seiner Wege, froh, die Belastung und die nagende Gegenwart meines WISSENS los zu sein. Ich hatte mich daran gewöhnt, es fast als eine Art Spiel zu betrachten, sooft ich mit Normalen zu tun hatte. Zuerst einmal machen sie sich Gedanken darüber, daß ich WEISS, was sie denken. Dann werden sie verlegen, weil ich WEISS, daß sie daran denken, und versuchen es zu verbergen. Und als nächstes versuchen sie vorzugeben, sie hätten überhaupt nicht daran gedacht ... Mitunter wird es für beide Seiten verwirrend. Aber den Ärger über ihr eigenes dummes Verhalten, von dem sie glauben, ich würde es ihnen aufzwingen, überwinden sie nie ganz.

Ich war mit meinen Gedanken beschäftigt gewesen.

Doktor Graham sagte eben: ». . . aber ich bin überzeugt, Sie haben das alles schon gehört. Hätten Sie gern eine Tasse Kaffee? Es ist schließlich eine weite Autofahrt vom Flughafen.«

»Nein. Aber eine Tasse Kaffee wäre mir sehr angenehm. Ich bin tatsächlich müde. War eine lange Woche und hektisch.«

»Ja«, sagte der Arzt nach einer Pause. »Ich kann mir denken, daß man Sie ESPer in der Hauptstadt schwer beschäftigt. Ist es eine neue Tätigkeit?«

»Etwas länger als ein Jahr, danke. Wo bleibt denn die Tasse Kaffee?«

Ich schaute ihn nicht an, während wir sprachen. Es ist Teil eines Schutzmechanismus. Ich bekam als Kind zu oft Prügel, weil ich Leute anstarrte. Lesen kann ich ihre Gedanken ohnedies, auch wenn ich sie nicht ansehe. Aber sie fühlen sich wohler, wenn ich so tue, als hätte ich kein Interesse. Auch Reden hilft sehr. Ich kann recht gut über Nichtigkeiten plaudern, obwohl mir um die Zeit leid ist und um die Mühe.

Es begann wieder zu schneien, und es hing jenes kaum wahrnehmbar aufsteigende Weiß in der Luft, das sanften Novemberdämmerungen ihren Zauber verleiht. Ich konnte die Stimmung durch die riesigen Fenster unten am Ende der Halle beobachten. Zu meiner Erleichterung war Graham nicht sonderlich gesprächig, während wir zum Büfett gingen. Als wir an einigen großen, blauen Türen vorbeikamen, erklärte er: »Mh, das ist die Abteilung für Schwerverletzte, eingerichtet seit vorigen Juni, glaube ich. Wollen Sie sich umsehen?«

»Nein«, sagte ich, »zumindest nicht, bevor ich wieder einen klaren Kopf habe.« Diese Bemerkung hätte ich nicht machen dürfen. Graham wurde steif, und eine dunkle Wolke zog über seine gutgeformten Züge. Da kann man nichts machen, dachte ich. Ich kann nicht meine ganze Zeit damit verbringen, mich um die gute Laune von Normalen zu bemühen. Da dürfte ich überhaupt nie etwas sagen.

Wir nahmen Kaffee und Toast am fast leeren Büfett; aßen und tranken schweigend. Im allgemeinen plaudere ich, um die Leute zu beruhigen. Aber es war eindeutig: Graham würde mich nicht mögen, wie immer ich mich verhielt. Also hol ihn der Teufel! Ich würde die Überprüfung erledigen und sehen, daß ich rechtzeitig hier herauskam, um den 10-Uhr-37-Zug zu erreichen.

Beim Rückweg redete er wieder drauflos, als seien nie fünf Minuten eisigen Schweigens zwischen uns gewesen.

»Natürlich«, sagte er aufgeräumt, »ist es bislang großteils Forschung. Wir haben noch nicht so viele Fälle hier. Das heißt, wir hatten bisher keine Möglichkeit, irgend etwas anderes als Forschung zu betreiben, da die meisten unserer Fälle keine greifbare Aussicht auf volle Genesung haben. Die von uns gewonnenen Erkenntnisse werden jedoch für andere Institutionen von Nutzen sein.«

Als wir an einer anderen Türe in dem kahlen Gang vorbeikamen, murmelte er, während er in die Richtung deutete: »Apoplexie-Labor, das übliche Zeug.«

»Ich verstehe. Doktor Graham, wäre es nicht möglich, daß ich Gelegenheit bekomme, Ihre Arbeit zu sehen, statt nur die übliche Führung zu machen? Ich kann sonst keinerlei Verständnis für Ihre Anstalt entwickeln. Ich meine, diese Besichtigung ist für Besucher geeignet, aber bei meiner Aufgabe handelt es sich mehr um einen Überblick hinsichtlich der Subventionierung.«

Er wandte sich mir zu und sah mich groß an.

»Sie wollen meine *Arbeit* sehen? Warum sollte meine Arbeit Sie interessieren, Mister Aldous? Verstehen Sie etwas von den fachlichen Aspekten unserer Forschung?«

Nicht mehr, als ich aus den aufgeschlagenen Seiten Ihrer dummen Gedanken lesen kann, dachte ich. Was ich sagte, war: »Genug, um einen recht guten Eindruck zu erhalten, was Sie hier treiben, Doktor Graham.«

»Also, davon machte Doktor Birmingham keine Erwähnung. Ich halte es auch im Augenblick nicht für ratsam, da meine Arbeit in gewisser Weise geheim ist. Außerdem glaube ich nach wie vor, daß es für Sie vom Fachlichen her zu schwierig sein könnte – wenn Sie meine Offenheit verzeihen, Mister Aldous.«

»Ich glaube, es muß so klar wie möglich ausgesprochen werden, Doktor Graham«, erklärte ich mit einem Seufzer. »Ich bin nicht irgendein Sensationshascher, der einen billigen Nervenkitzel sucht. Ich wurde, wie Sie und ich wissen, zu einem gewissen Zweck vom Kongreß hierhergesandt. Die Herren wollen die Finanzierung der Geräte überprüft haben, und sie wissen, ich werde das ordentlich durchführen. Ich werde klarer als jeder andere sehen, was hier vor sich geht, Ihre Fachkollegen ausgenommen. Weder Sie noch sonst jemand hat die geringste Aussicht, mich auf ein falsches Gleis abschieben zu können, ohne daß ich es merke, und es gibt keine Forschung oder Einrichtung, die ich nicht überprüfen kann. Im übrigen«, schloß ich, »Sie sind mir genausowenig sympathisch wie ich Ihnen.«

»Wahrscheinlich«, bestätigte er etwas bitter und zittrig. »Tja, in dem Fall, denke ich, sollten wir das hinter uns bringen. Ich habe eine Frau und zwei Kinder, die sich wahrscheinlich fragen, wo ich bleibe. Aber ich nehme an, das haben Sie längst aus mir herausgeschält.«

»So ist es«, sagte ich ohne Zartgefühl. »Wollen wir?« Mit freundlicher Unterstützung seiner geistigen Landkarte deutete ich in Richtung seiner Laboratorien.

Wir brauchten noch einige Minuten, um Grahams Flügel des Krankenhauses zu erreichen, und betraten schließlich durch eine offene Tür einen kleinen Raum, in dem wir einer mächtigen Apparatur gegenüberstanden. Der Arzt erklärte mir, es sei ein neuer, von seinem Team entworfener Typ eines Elektroenzephalographen, der sowohl willkürliche als auch unwillkürliche Nervenfunktionen in feine Zeichen umzusetzen imstande sei, die er auf Millimeterpapier in gewisse Spalten aufschlüssele.

Als ich die Funktionsweise des Apparats begriffen hatte, fragte ich: »Welchem – wenn überhaupt einem – Zweck dient dieses Ding?«

»Dem Studium von Gehirnverletzungen. Das ist es, was diese Abteilung fast . . .«

»Ja, ja, ich weiß. Die Anwendung medizinischer Kenntnisse zur Lebenserhaltung und so weiter. Welche Arten von Gehirntraumata bekommen Sie im allgemeinen?«

»Nun, äh, von gut dreißig Betten resultieren etwa zwanzig . . .«

». . . aus Nervenkrankheiten oder Altersschwäche, einige schwere Unfälle eingestreut. Wie viele heilen Sie?«

Ich mußte aufhören, ihn so zu unterbrechen. Noch ein paarmal, und er würde mir an die Gurgel springen. Aber meine letzte Frage amüsierte ihn sogar.

Hier kommt keiner raus, dachte er gerade, außer durch die Leichenhalle. Makabrer Humor. Was er sagte, war:

»Tja, diese Abteilung ist eigentlich keine, wo wir eine völlige Heilung erwarten dürfen. Senilität verursacht . . .« Er wartete, ob ich ihn wieder unterbrechen würde. Als ich es nicht tat, fuhr er fort: » . . . den Großteil der Fluktuation in dieser Anstalt.«

Er lehnte sich an den Elektroenzephalographen und trommelte leicht mit einem Finger gegen das Aluminiumblech. »Wir verlieren etwa vier bis fünf pro Monat durch Versagen der physischen Organe. Die anderen verlegen wir im allgemeinen auf permanente Pflegestellen, wo man sich entsprechend um sie kümmern kann, wenn wir mit ihnen fertig sind.«

»Und die hier sterben?« fragte ich. »Doktor Birmingham erzählte mir, Sie könnten beinahe alles auf unbegrenzte Zeit am Leben erhalten, wenn Sie wollten. Wieso sterben dann welche?«

»Tja, manchmal versuchen wir im Zuge der Forschungen die Lebensfunktionen wiederherzustellen. Das geschieht im allgemeinen nicht zum Vorteil der Patienten . . .«

Er zieht ihren Stecker heraus, um zu sehen, ob sie wieder zu atmen beginnen, lese ich. Reine Frustration seinerseits, der Dummkopf.

»Also wird niemand je wirklich geheilt?«

»Nun, äh, leider, eine Genesung habe ich nicht erlebt, seit ich hier zu arbeiten anfing. Nein.« Ein Anflug von Scham kreuzte seine Gedanken, überdeckt von der gleichen verdammten Gemeinheit, die immer kommt: ›Wer zum Teufel ist dieser Kerl, daß er meine Arbeit in Frage stellt?‹ Was wußte ich schon – zumindest meinte er, daß ich nichts wußte – von der Frustration, dem Schmerz, den schlaflosen Nächten, allein mit sich selbst, die diese Arbeit ihm aufzwang. Ich rutschte ein wenig von meinem Sockel herunter, aber nicht sehr weit.

Wieviel wußte er schließlich von meinem Schmerz, meiner Frustration und Angst? Wie ich als Kind Nacht für Nacht wach gelegen hatte, den Lügen und dem gegenseitigen Haß meiner Eltern ausgesetzt. Und als Erwachsener – tagtäglich das gleiche sehen zu müssen: Unwahrheiten, Betrug, Panik, Quälereien; und auch die Peiniger – die Killer, Folterer, Vergewaltiger, die Schießwütigen, Flitzer, sexuell Abwegigen, Perversen und Scheusale, die fast alle in der Maske des Normalen ihrer Wege gehen. Übel wird einem davon. Was konnte dieser Mensch Graham schon empfinden, das nur im entferntesten vergleichbar wäre? Ich stieg wieder auf meinen Sockel zurück.

»Ich würde gerne einige Fälle sehen«, sagte ich kühl.

Unterwegs durch den Gang überkamen mich unangenehme Gefühle; etwas irgendwie anderes als normale Gedanken reizte mich im Hinterkopf. Na ja, das gehört zu meiner Arbeit. Meine erste Abteilung für Gehirngeschädigte, aber nicht mein erstes Krankenhaus. Wie die meisten meines Berufes wurde ich einzig deshalb angestellt, weil ich eben ein Schnüffler bin. Ich kann herausbekommen, was andere Leute wissen wollen. Gebrauchtwagenverkäufer, Politiker, Heilverkünder, Rechtsanwälte – ich habe sie alle untersucht. Meistens kann ich etwas Interessantes an ihnen finden. Aber so wie jetzt war mir noch nie. Ich schluckte schwer und folgte der weißen Gestalt des Arztes.

»In dieser Abteilung liegen die schwersten Fälle«, bemerkte der Doktor mit einem gegen mich gerichteten Anflug von Sadismus. »Hier sind völlig Kommunikationsunfähige, Komafälle, Schockopfer – manche sind soweit hinüber, daß sie mehr Maschinen sind als sonst etwas. Wollen Sie sie noch immer sehen?«

»Es gehört zu meinem Job«, sagte ich.

»Sie sind medizinisch ausgebildet, Mister Aldous?«

»Nein, und hören Sie auf mit Ihren Ablenkungsversuchen, Graham!«

Er zuckte mit den Achseln und wandte sich einer geöffneten Tür zu.

Ich verzog das Gesicht vor Unbehagen. Obwohl Gedankenverbindungen überall hinreichen, werden sie von den meisten festen Gegenständen ein wenig gehemmt. Als ich durch die Türe ging und den Schutz der Wand hinter mir ließ . . .

An irgendeinen Korb lehnend, meine Schläfen reibend, fand ich mich wieder.

»Fühlen Sie sich nicht wohl, Mister Aldous?« fragte Doktor Graham höflich.

»Es ist der Schmerz«, erklärte ich ihm. »Der Schmerz überträgt sich auf mich. Verstehen Sie jetzt, warum kein ESP-Mann jemals in so einem Institut arbeitet, auch wenn er noch so viel beitragen könnte?«

»Nun ja, wahrscheinlich. Aber Sie müssen das Ganze objektiver sehen. Ich glaube, das ist Ihr Problem.«

Ich stand auf und hätte ihm am liebsten sein höfliches Mundwerk eingeschlagen. Objektiv, zum Teufel! Er fühlte den Schmerz nicht . . . aber ich begriff, daß er mich anstacheln wollte. Soviel zum Umgang mit Patienten.

»Es geht mir schon wieder gut«, antwortete ich ruhig, meine Schultern straffend.

»Na schön, dann machen wir weiter, wenn Sie wollen. Hier entlang.«

Zu beiden Seiten des Gangs befanden sich ausschließlich geschlossene Türen, im Gegensatz zu anderen Teilen des Krankenhauses, wo die Türen flüchtig angelehnt oder sperrangelweit offenstanden.

Durch ein weites Fenster am Ende des Korridors sah ich, daß es immer noch schneite, dichter als zuvor. Still ist es hier, dachte ich.

Graham steuerte auf die erste Türe rechts zu und öffnete sie. Als ich den verdunkelten Raum betrat, staunte ich über seine völlige Schmucklosigkeit. Es gab keine Nachtkästchen, keinen Fernsehapparat, nicht einmal eine Abschirmung der scheußlichen Maschinen vor den Blicken des Patienten. Da war nur ein Bett unter Apparaturen.

Der Arzt schaltete die Deckenbeleuchtung ein und ging zu dem Bett, vorbei an dem kleinen, abgemagerten Körper, der da zusammengekauert unter weißen Leintüchern lag. Graham nahm die am Bettende hängende Tafel und überflog sie rasch.

»Hier haben wir, mm ... Susan Carter, sechzehntes Lebensjahr. Liegt hier seit, warten Sie ... drei Jahren oder so. Scheint ein Kfz-Unfall zu sein ... ja.«

»Was hat sie?«

»Oh ... äh, hatte bei Einlieferung einen Schlüsselbeinbruch, aber der ist natürlich längst verheilt. Rißverletzungen an beiden Nieren, verheilt, aber die Organe blieben funktionsunfähig. Dafür haben wir sie an einen Apparat angehängt. Herzversagen – dafür besitzen wir eine Herz-Lungen-Maschine. Linker Lungenflügel kollabiert, unwichtig. Sie hat jetzt ein paar Lungenröhren – ihre Atmungsorgane waren nicht operabel.«

»Und ihr Gehirn?«

»Oh, der vordere Lappen wurde wahrscheinlich zerquetscht; die Halswirbeln gestaucht, so daß der trochleare Nerv und der Trigeminus hin sind. Der motorische Teil der Gehirnrinde gequetscht . . .«

Er sprach immer leiser und undeutlicher und schaute schließlich zu mir auf. Als ich mich weigerte, irgend etwas zu sagen, ging er an die Apparaturen und stellte ein Zifferblatt ein, während ich den Körper unter den Leintüchern betrachtete.

Schließlich fragte ich: »Gibt es eine Möglichkeit für sie, ohne diese Apparaturen zu leben, Herr Doktor?«

»Nein. Nicht eine Minute, Mr. Aldous. Wir besitzen die hervorragendsten lebenserhaltenden Einrichtungen des ganzen Landes. Ich denke, dafür müssen wir dem Kongreß danken«, fügte er nachträglich hinzu.

»Wäre es nicht menschlicher, sie sterben zu lassen? Ich verstehe nichts von Medizin, aber das erscheint mir logisch. Was meinen Sie dazu, Doktor Graham?«

»Ah, das kann man nicht machen, Mister Aldous. Solange sie Gehirnreaktionen aufweist, ist sie laut Gesetz am Leben. Niemand ist hier erpicht darauf, mit dem Gesetz in Konflikt zu geraten, wenn Sie verstehen, was ich meine.«

»Sehr gut sogar. Der Elektroenzephalograph, nicht wahr?«

»Nun, so will es das Gesetz. Es ist etwas zu sehen, also lebt sie.«

Auf dem Millimeterpapier huschten grelle kleine Lichter über den dunkelblauen Hintergrund. Manche beschrieben, ohne abzuweichen, gerade Linien, während andere ganze zackige Bergketten zeichneten. Manche wechselten zwischen beiden, schossen wie verrückt über das Papier, um vor dem nächsten Anlauf sekundenlang wie gelähmt anzuhalten.

»Diese Kurve ist natürlich nicht normal; aber solange das Mädchen irgendeine Art von Aktivität zeigt, können wir es nicht um . . . sterben lassen, wissen Sie.«

Ich fixierte die leuchtenden Linien und versuchte einen Zusammenhang zwischen dem zu finden, was in dem Kopf des Mädchens vor sich ging, und dem, was die Kurve anzeigte. Auch mit Grahams Hilfe konnte ich nicht wirklich ablesen, was die Maschine schrieb, aber sie erschien mir alles andere als genau zu registrieren. Dieser Arzt, so korrekt, so klug und auf dem laufenden, hatte nicht den leisesten Begriff von der geistigen Verwirrung, die im Kopf dieses Mädchens herrschte; nicht die leiseste Ahnung hatte er davon. Egoismus ärgster Sorte. Ein Normaler. So sind sie alle mehr oder weniger. Lauter Schufte.

Er wollte wissen, was sie dachte, und hoffte, ich würde die Information liefern. Ich grinste ihn an und schwieg.

Nach kurzem Zögern unterdrückte er seinen Stolz und fragte: »Hat sie Schmerzen?«

»Ich bekomme den Eindruck«, erwiderte ich trocken, »man ging stets von der Annahme aus, daß Fälle von Gehirnschädigung wie dieser keinen Schmerz empfinden. Das stimmt doch, nicht wahr? In diesem Lichte gesehen wirft Ihre Frage einigen Zweifel an der Lauterkeit des medizinischen Standes auf, oder nicht?«

»Nun, empfindet sie etwas?«

»Das ist Ihnen doch egal!«

»Wahrscheinlich wollte ich nur einen mitfühlenden Eindruck machen«, sagte er schließlich, »und Sie werden recht haben, so sehr interessiert es mich gar nicht.«

Ja, es interessierte ihn tatsächlich nicht. Er war hungrig und gelangweilt und überlegte, wie lange das Ganze denn noch dauern würde. Ich weiß nicht, weshalb man gerade ihn dazu bestimmt hatte, sich mit mir abzugeben, jedenfalls wäre für ihn längst Feierabend gewesen. Er wollte einfach nach Hause gehen. Ich glaube, es hätte ihm zu diesem Zeitpunkt nicht viel ausgemacht, wenn seine eigene Mutter unter den Leintüchern gelegen wäre.

Ich nickte resignierend, und wir verließen den Raum.

Woran sie wirklich dachte? Das hängt davon ab, was man unter Denken versteht. Freilich empfand sie Schmerz – jene undefinierbare Art von Schmerz, der wissen läßt, daß tief drinnen etwas nicht stimmt; aber es war ihr zu wenig geblieben, um über diesen Schmerz grübeln zu können. Sie dachte an ein Pferd, an ein dreibeiniges Pferd. Selbst das Pferdebild an sich sah sie beschädigt und verzerrt, wie ein schadhaftes Tonband, das sich immer wieder rund um eine geschlossene Schlinge dreht. Angenehm war es nicht, und menschlich war es ganz gewiß nicht. Ich schwitzte stark in meinem Anzug, aber ich griff nicht nach dem Taschentuch. Verdammter Kerl! Verdammtes Haus!

»Sollten Sie dem Mädchen nicht irgendein schmerzstillendes Mittel geben?« fragte ich.

»Warum? Sie sagten doch, es empfindet nichts, Mister Aldous.«

»Nein, das sagte ich nicht. Ich sagte, Sie – und damit meinte ich die Ärzteschaft im allgemeinen – nehmen an, es könnte nichts empfinden. Sonst sagte ich ganz und gar nichts.«

»Sie haben recht. Das nehmen wir an.«

Schuft! Im Moment nahm er seine Chance wahr, mir vorauszugehen. Es fehlte nicht viel, und ich wäre über ihn hergefallen und hätte ihn niedergeschlagen. Eines Tages bringt mich mein Jähzorn noch um; dann lande ich in einem Park, auf einem Baum hängend wie Jos. Aber die Arroganz des Menschen rieb mich eben auf. Andererseits dachte er, *ich* sei arrogant. Vielleicht hatten wir beide recht.

Der nächste Fall war ein Mann. Von seinem Bauch, seinem verbliebenen Arm und einem Nasenloch liefen Schläuche hinauf zu einer glucksenden grauen Maschine. Eine Krankenschwester in einem ungemütlich gestärkten weißen Kleid kümmerte sich, wenn sie nicht gerade in einer Illustrierten blätterte, um die Maschine.

»Um den steht es ganz schlecht«, sagte der Arzt. »Wir mußten eine Gehirnoperation vornehmen, um eine Gehirnblutung zu verhindern. Sowohl der Parietal-Lappen als auch der Medulla-Komplex sind zur Gänze vorhanden.«

»Natürlich.«

»Einer vom Absturz am Kennedy Airport vorige Woche.«

Unwillkürlich fuhr meine Hand an die Stirn und begann zu reiben. »Sieht nicht aus, als käme er durch«, bemerkte ich oberflächlich.

»Ach, das hat nichts zu sagen. In etlichen Monaten ist wahrscheinlich alles wieder schön verheilt.«

»Aber wiederhergestellt ist er nicht.«

»Nein, das leider nicht.«

»Er verlor zuviel graue Substanz«, wiederholte ich den Gedanken des Arztes.

»Er hat Glück«, meinte dieser. »Er ist der einzige, der den Absturz schließlich überlebte. Alle anderen sind tot.«

»Nennen Sie das überleben?«

Darauf reagierte Doktor Graham nicht. Ich beschloß, noch einen Schritt weiterzugehen.

»Sie wissen, daß er nichts registriert.«

»Das ist nicht wahr. Der Elektro . . .«

»... sagt nicht die Wahrheit, Herr Doktor. Sämtliche Theorien, die dahinterstehen, sind unwahr, Vermutungen!«

»Was ...?«

»Ich WEISS es!«

»Na und? Wurden ESP-Fähigkeiten jemals vor einem ordentlichen Gericht als stichhaltige Beweismittel anerkannt? Ich meine, was wissen Sie denn wirklich? Die einzigen, die Ihnen Ihr verdammtes Zeug abnehmen, sind Firmen, die ihre Angestellten überprüfen wollen, und Regierungsstellen. Was zum Teufel wissen die? Und wissen Sie? Ich habe Jahre gebraucht, um dieses Ding zu entwikkeln, um die primitive Vorrichtung, die es war, zu vervollkommnen. Wie schwer mußten Sie arbeiten für diese Gabe des ...«

Die Schwester beobachtete uns über den oberen Rand der Illustrierten hinweg.

»Wahren wir doch in dieser Angelegenheit eine geschäftliche Form! Nehmen wir als gegeben an, ah, daß jeder von uns seine Arbeit beherrscht!«

»Na schön, Herr Doktor. Ich glaube jedoch, Sie sollten sich die Tatsache vor Augen halten, daß ich diese Überprüfung durchführe und daß Ihr Benehmen in meinem Bericht aufscheinen wird.«

»Gut, sehr gut! Wollen wir weitermachen?«

Als wir den Raum verließen, versenkte ich mich noch ein letztesmal in den Mann auf dem Bett. Es war ein gewisses Existenzgefühl zu spüren, aber sonst nichts. Der Teil seines Wesens, der ihm Persönlichkeit verliehen hatte, war längst entwichen.

Ein paar Jahre zuvor hatte ich in New Mexico an einer Konferenz teilgenommen. Während eines Vortrags brach ein Mann, der in meiner Nähe am Tisch saß, mit einer Gehirnblutung zusammen. Ich spürte ihn damals sterben. Es war, als versinke man in dem schwarzen Wasser eines Teiches – kühl, beruhigend, auf ewig. Als er tot war, eindeutig tot, und die anderen im Raum umherstürzten, als könnten sie etwas tun, hatte ich etwa den gleichen Eindruck gehabt wie jetzt. Die verbliebenen elektrischen Ladungen waren durch den Schädel hinausgeschossen, und eine Dumpfheit hatte sich der Zellen bemächtigt. Er hatte seinen Frieden, er war so tot, wie ein Mensch nur tot sein kann.

Im nächsten Zimmer lag eine ältere Frau. Wir traten in das Halbdunkel und standen an ihrem Bett wie Trauernde bei einem Begräbnis. Sie hatte ein eingeschrumpftes Gesicht von der künstlichen Ernährung, und ihre Kopfhaut war wund, weil ihr längere Zeit hindurch das Haar ausgegangen war. Häßlich war sie, diese Fremde.

Der Arzt griff nach der Krankengeschichte am Fußende, aber ich wartete nicht auf seinen langen Vortrag. Ich schlüpfte einfach in den Kopf der Frau und suchte, was immer ich dort finden würde.

Sie war ein typisches Unfallopfer. Da gab es lagenweise Schmerzen, eine Reaktion auf die furchtbaren Verletzungen, die ihr alternder Körper hatte erdulden müssen. Ich wehrte die Phantome ab und drang tiefer ein, auf der Suche nach etwas Wesentlicherem. Sie lag im Koma, und der Schock hatte den verbliebenen Rest ihrer Persönlichkeit gezwungen, sich in einen Winkel zu verkriechen, wo ich ihn nicht ohne weiteres auffinden konnte.

Es wurde dunkler. Ich hatte Angst weiterzuforschen. Mein Geist wollte sich herausdrehen, bereitete sich auf das Wiederauftauchen vor, geschlagen, aber ...

Aus der Sandkiste schaute das kleine Mädchen zu mir auf und lächelte. Es war Sommer und in Indiana, und das Gras war unruhig und voll Unkraut, wucherte in Winkeln um die Bäume und Büsche, wo der Rasenmäher es nicht erreichte. Hinter dem Mädchen befand sich eine weiß getünchte Doppelgarage, aus deren offenem Maul, schon halb auf der Kiesauffahrt, ein Tourenwagen Jahrgang 1940 herausschaute.

Als ich mich umdrehte, sah ich, daß ich vor einem Haus stand, im Stil der gleichen Zeit erbaut, groß, offen und freundlich.

›Guten Tag!‹ sagte das Mädchen. ›Wer bist du?‹

Ich sagte erst einmal nichts, sondern sah mich genauer um. Die Sonne strahlte von allen Flächen zurück, ihr Widerschein verschmolz mit der Kraft der eigentlichen Quelle. Jedes Blatt auf den Büschen um die Garage leuchtete auf seine Weise, jeder Grashalm glänzte. Die Sonne fing das Gold im Haar des Mädchens ein und strahlte es mir in die Augen.

Welch ein phantastischer Reichtum an Details! Das Gedächtnis von Durchschnittspersonen erreicht etwa die Klarheit eines dunklen, trüben Gewässers; aber diese fremde Frau war so in ihre Kindheit vertieft, daß es für sie keine andere Wirklichkeit gab.

›Wer bist du?‹ fragte ich sie zurück.

›Ich heiße Jamie. Und wer bist du, alter Mann?‹

Sie hatte mich in ihre Gedankenwelt einbezogen, und ich spielte nach ihren Regeln. Ich blickte auf meine Hände hinunter und staunte: Falten und dunkle Venen entstellten die Haut. Ich *war* ein alter Mann, müde, grau und gebückt, und es umgab mich ein Anflug von Sanftmut, der von ihren feuchten Augen ausging.

Aus dem Blick sprachen Schmerz, Erschöpfung und Ekel vor der Welt, aber es war mein Blick, nicht der ihre. Sie sah mich auf diese Weise, doch das Ergebnis war ein sanfter, lieber alter Mann. Ich war sanft.

Sie hatte keine Angst vor mir. Ich stand in einem Krankenhaus, in dem die Menschen mich nach Kräften mieden und wo eine falsche Bemerkung von mir die ganze zivilisierte Fassade zerstören, Haß und Mordgier hervorrufen könnte. Und die Frau fürchtete sich überhaupt nicht.

Ich ging hinüber zu der Sandkiste und hockte mich daneben hin. ›He‹, sagte ich, ›hast du schon einmal eine Sandburg gebaut? Mit richtigen Türmen und Tunnels und geheimen Gängen?‹

›Nein, Opa!‹ rief sie aufgeregt, vor Freude übersprudelnd.

Wir brauchten bis zum Abendessen, um die Burg zu bauen, aber dafür wurde sie wunderschön.

Ihre Mutter lächelte, als sie mich eintreten ließ. Der Mann im Lehnstuhl am Fenster, verschanzt hinter Pfeife und Buch, nickte mir zu, als wisse er alles. Ich stieg die schmale Treppe hinauf, den Klumpen, der mir im Hals aufstieg, niederkämpfend.

Alles Holz in ihrem Zimmer war mit diesem Zeug gestrichen, das mit der Zeit einen Orangeton annimmt. Überall gab es cremefarbene, mit Rosen und Hyazinthen gemusterte Tapeten.

Sie stand auf den Zehenspitzen vor dem Spiegel über ihrem Frisiertischchen und tupfte noch da und dort an ihrem fertigen Make-up. Ich bewunderte ihre Formen unter dem Satinkleid und kam mir wie ein Heuchler vor, weil ich es tat.

Erschrocken, mich atmen zu hören, drehte sie sich um und sah mich an.

›Oh‹, sagte sie herzlich, ›wie gut du heute abend aussiehst. Ich glaub, Mutter mag dich wirklich, wenn sie dich so heraufkommen läßt.‹

Nervös wie der Teenager, der ich war, machte ich meinen Mund erst ein paarmal auf und zu, bevor ich endlich herausbrachte: ›Ja, sie schien froh zu sein, mich zu sehen.‹

Mein Gott, war sie schön! Ihr Haar, das einen satten rötlichen Ton angenommen hatte, war mit dem Erwachsenwerden dichter geworden und bedeckte ihre Schultern wie eine feine Spitze.

›Also, ich freu mich auch, dich zu sehen!‹ sagte sie, kam zu mir herüber und schlang ihre Arme um meine Mitte, schmiegte sich an meine Anzugjacke. Vorsichtig legte ich eine Hand auf ihre Taille und spürte voll Wonne die sanfte Kurve ihres Rückgrats mit der angedeuteten Rundung ihrer Hüften.

Ich begann vor jugendlicher Verlegenheit rot zu werden, und da küßte sie mich.

Zum allerersten mal in meinem Leben bekam ich einen Kuß. Nachher gab ich ihr die Nelke als Ansteckblume für ihr Kleid, die ich die ganze Zeit gehalten hatte, und ihr Vater verzichtete auf die Gemütlichkeit seines Stuhls lange genug, um uns zum Tanz zu fahren.

Es lag Geborgenheit in ihren vollen Hüften, in der Rundung ihres Rückens und in ihrer Körperhaltung, wenn sie befriedigt war. Es war wieder Sommer, durch die Jalousien hörte man die Insekten singen. Sie lag auf dem Bauch, den Kopf in den auf das Fensterbrett gestützten Händen.

›Morgen brauchst du nicht zur Arbeit zu gehen‹, sagte sie leise. ›Es ist doch ein Feiertag, oder hast du das vergessen?‹

›Ach ja‹, sagte ich und lächelte sie an.

Sie schmunzelte zurück und wünschte mir Glück mit noch einem Kuß.

Wir fuhren einen alten 218er, sie saß am Steuer, trommelte mit der freien Hand leicht im Takt gegen den Türrand. Immer hatte sie die modernen Melodien gemocht und nie ihre Lebensfreude und ihre Lust an der Abwechslung abgelegt.

Sie hatte graumeliertes Haar, aber der Charme war der gleiche geblieben; und wenn ihr Gesicht auch einige Falten bekommen hatte, ihr Blick war so offen und aufrichtig wie eh und je.

Ich hielt meine Hände zwischen den Beinen und fühlte mich bei ihrer Fahrweise ausgesprochen unsicher. Ich hatte sie schon immer etwas leichtsinnig gefunden, aber heute fuhr sie noch unvorsichtiger als sonst.

Sie wandte sich mir zu und sagte: ›Kannst du dich nicht beruhigen, Schatz? Frank wird uns nie verzeihen, wenn wir zu spät kommen.‹

›Man heiratet nicht jeden Tag‹, schloß sie lachend.

›Mußt du so fahren?‹ beklagte ich mich. Es lag etwas so beunruhigend Schicksalhaftes an diesem Tag, in dieser Szene. Ich biß meine Zähne zusammen, und der Schweiß trat mir auf die faltige Stirne.

Sie überholte einen ungeschickten Lieferwagen und war schon ziemlich weit draußen auf der anderen Fahrbahn, als sie das entgegenkommende Auto sah. Ich drehte meinen Kopf und sah nach hinten. Irgendein Idiot in einem

Kleinbus hatte ihren Platz hinter dem Lieferwagen eingenommen. Sie konnte nicht zurück.

Mit eisiger Ruhe sagte sie: ›Halt dich fest, Schatz, halt dich ganz fest!‹

Wir fuhren in den Graben und rammten dahinter die Böschung mit donnernder Wucht. Das letzte, was ich hörte, war kreischendes Metall . . .

Ein kleines Mädchen spielte in der Sandkiste. Sie schaute zu mir herauf und in die grelle Sonne.

›Guten Tag!‹ sagte sie. ›Wer bist du!‹

Ich schwitzte Tränen, und meine Hände zitterten so heftig, daß ich zweimal nach dem Tisch greifen mußte, bevor ich wieder meine Haltung fand. Doktor Graham schien meinen Zustand geflissentlich zu übersehen und sprach immer noch.

» . . . haben wir Juanita Elwood. Ich glaube, sie war an einem Kfz-Unfall beteiligt, vor zweieinhalb Monaten, soviel ich weiß. Wollen mal sehen: gebrochenes Schienbein . . .«

»Ich sehe schon, worum es geht«, krächzte ich.

»Ach«, sagte er, »ich dachte, Sie wollten meine Arbeit sehen. Haben Sie schon genug?«

»Mehr als genug!« entgegnete ich.

In seinem Kopf lief immer noch die Parade der Toten und Sterbenden ab. Es war ein Sport, der ihm Spaß machte.

»Das heißt«, fuhr ich fort, mich zusammennehmend, »ich denke, ich habe alles, was ich brauche, gesehen. Ich danke Ihnen für Ihre Hilfe, Doktor Graham.«

»Selbstverständlich, wie Sie meinen«, antwortete er,

während die Neugierde in seinem Gehirn von einer Windung zur anderen sprang. Er überlegte, warum ich so plötzlich abbrach. Hatte er die Sache verdorben?

Das hast du – und wie, dachte ich. Ich hüstelte einmal und richtete mich auf. Die Anwesenheit dieser Frau, deren Leben ununterbrochen in ihrem zerschmetterten Kopf kreiste, erfüllte den Raum. Wir hatten ein Leben miteinander geteilt, so rasch der Austausch zwischen Nervenkreisläufen vonstatten gehen kann, und sie hatte mich als Vater, Bruder, Liebhaber und Mann völlig in dieses Leben einbezogen. Sie fürchtete sich nicht vor mir.

Ich sehnte mich danach, wieder mit ihr zusammen zu sein, niemals hatte ich je so sehr nach etwas verlangt. Dann hörte ich ein Getöse, etwas wurde durch die Luft geschleudert, ein kurzer, aber unglaublich heftiger Schlag dröhnte – und die Erinnerung an den Unfall erdrückte meine Sehnsucht auf immer. Das konnte ich nicht noch einmal durchmachen.

Aber sie mußte es. Sie erlitt diese Erinnerung etliche Male in der Minute. Und das Feuer danach. Und das Schreien, als ihre Haut von den Knochen abbrannte.

Ich drehte mich auf dem Absatz um und ging entschlossen, ohne ein weiteres Wort, zur Tür hinaus. Doktor Graham folgte mir nicht. Ich glaube, er wagte es nicht.

Ich holte meinen Mantel an der Rezeption und ging hinaus in die kalte Nacht. Es schneite immer noch, und man hatte das Gefühl, es würde ewig so weiterschneien.

Einige Minuten mußte ich in dem dichten Schneetreiben warten, bis Doktor Graham mit ein paar Kollegen aus dem breiten Portal herauskam. Hinter einer Hecke beobachtete ich sie, wie sie zum Parkplatz gingen. Dann eilte ich über die niedrigen Stufen zum Haupteingang zurück.

Ich trieb mich im Schatten umher, bis die Krankenschwester sich entschloß, dem Druck ihrer Blase nachzugeben. Sobald sie ihren Posten verließ, schlüpfte ich an ihrer Station vorbei.

Eigentlich wird man von den Krankenschwestern kaum behelligt, wenn man aussieht, als gehörte man dahin, wo man sich befindet. Dennoch mußte ich fünf Minuten an einer Biegung im Gang warten, bis eine mißtrauisch denkende alte Dame zu ihrer Kaffeepause abtrottete.

Die Beleuchtungskörper im Raum waren abgeschaltet; nur ein schwacher Schein kam von den Kontrollämpchen an den lebenserhaltenden Apparaten. Leise schloß ich die Türe hinter mir.

›Hallo, Jamie, Liebste . . !‹

Das Licht reichte gerade aus, daß ich hinter einem Haufen Schachteln vorbeifand und auf das dicke Stromkabel stieß. Vorsichtig tastete ich mich am Kabel entlang, bis meine Hände einen metallenen Knopf spürten: der Stekker, der sogenannte.

Ich packte die Schnur mit beiden Händen und stellte mich darauf ein, daran zu ziehen, aber dann zögerte ich.

Im entscheidenden Moment sind wir doch Feiglinge.

Aus dem Amerikanischen übersetzt von Eva Brossmann

LISA TUTTLE

Die Stadt in der Wüste

Ich stieß auf eine ausgedehnte Ruinenstadt in der Wüste. Jemand hatte vor langer Zeit gewaltige Blöcke aus dem Fels gehauen und die Kanten so glatt abgeschliffen, daß sich ohne Mörtel Stein an Stein fügte. Es war keine Stadt der geraden Linien, sondern eine mit Windungen und Ringanlagen, mit Schutzwällen, die in doppelter Mannshöhe aufragten. Sie wirkte gigantisch und brutal weiß gegen den blauen Himmel und die Leere der Wüste.

Ich betrat sie durch einen Torbogen und folgte schmalen, verschlungenen Gassen, strich mit den Händen über sonnendurchglühten Stein. Hier und da waren Zeichen in den Fels geritzt. Ich fuhr eines mit dem Finger nach: ein schalenförmiges Labyrinth mit dem stilisierten Symbol eines aufsteigenden Vogels in der Mitte.

Die Stadt mochte bereits seit Jahrhunderten verlassen sein. Da die Dächer längst zerfallen waren, lag alles offen unter dem Himmel. Treibsand bedeckte das Kopfsteinpflaster der Straßen. Aber die Leere wirkte, obschon sie Trauer auslöste, nicht beklemmend. Ich fühlte mich hier daheim, geborgen, als sei ich zurückgekehrt an einen Ort, der mir von Kindheit an vertraut war. Ich schlenderte geduldig die gekrümmten Wege entlang und betrat die verlassenen Häuser, eines nach dem anderen, auf der Suche nach etwas.

Endlich fand ich es. Genau im Zentrum der Stadt umschloß eine halbkreisförmige Mauer ein Loch, das in die Tiefe führte. Ohne Zögern ließ ich mich hinab, und meine Fußspitzen ertasteten eine in den Fels gehauene Treppe.

Die Stufen waren steil, zwangen mich rasch nach unten, beinahe wie die Sprossen einer Leiter.

Der Abstieg schien eine Ewigkeit zu dauern, und das Dunkel um mich verdichtete sich. Doch eben als ich überlegte, wie lange ich noch in völliger Finsternis zu einem unbekannten Ziel hinabsteigen mußte, erreichte mich ein schwaches Licht von einer Stelle weiter unten; und als ich schließlich flachen Boden spürte, konnte ich meine Umgebung genau erkennen. Ich war in einer kleinen Steingrotte. Hinter mir lag die Felsentreppe; vor mir zweigten drei Tunnel ab. Ich wählte den hell erleuchteten mittleren. Im Vorbeigehen betrachtete ich die glatten, gewölbten Wände, von denen ein heller Schein abstrahlte. Nachdem ich eine lange Strecke zurückgelegt hatte, hörte ich vor mir ganz schwach etwas wie das Auf- und Abschwellen von Stimmen.

Dann zweigte erneut ein Stollen ab, und ein Torbogen führte mich zu einem Raum, der voll von Menschen war. Sie verstummten bei meinem Eintreten und schauten mich erwartungsvoll an.

Ich kannte sie – ich wußte, es waren die Leute, welche die Stadt droben errichtet hatten. Sie sahen einander so ähnlich, daß man sie mit ihrer merkwürdig gelbbraunen Haut, den großen runden Augen, der schmalen Nase und dem dichten schwarzen Haar für Angehörige einer einzigen Familie halten konnte.

Eine Frau löste sich aus der Menge, trat vor und nannte mich beim Namen. Ihre Blicke ruhten forschend auf meinem Gesicht; ich hatte das Gefühl, daß sie mich sehr gut kannte, daß sie vielleicht sogar in mich verliebt war.

»Rick!« sagte sie. »Du bist wiedergekommen! Sag, können wir nun nach oben, ohne daß uns etwas zustößt? Werden sie uns in Frieden leben lassen?«

Meine anfängliche Verwirrung legte sich. Ich war in der Vergangenheit schon oft hier gewesen und kannte diese Leute gut. Sie gehörten nicht zu meinem Volk, aber ich liebte sie und hatte mich bereit erklärt, ihnen zu helfen. Weshalb war mir das entfallen?

Ich setzte zum Sprechen an, wollte ihnen eben erklären, daß es droben nun sicher sei und ich sie beim Eingewöhnen unterstützen würde – da schrillte der Wecker.

Benommen tastete ich im Dunkel umher und stellte ihn ab. Dann setzte ich mich auf, schaltete das Licht ein und griff nach meinen Zigaretten. Ich fand mich nicht gleich zurecht, fühlte mich verwirrt. Anders als die meisten meiner Träume besaß der hier die Kraft der Realität, die Schärfe des Erlebten, an das man sich erinnerte. Hatte ich schon früher von jenen Leuten und unterirdischen Tunnels geträumt, oder war mein Traumgedächtnis nichts anderes als der Traum eines Traumes gewesen?

Ich suchte Stift und Notizbuch und begann die Einzelheiten aufzuzeichnen, ehe sie sich aus meiner Erinnerung davonstahlen. Ich hatte in jüngster Zeit Pech mit Träumen gehabt. Sie verflüchtigten sich mit dem Erwachen. Aus diesem Grunde war mein Wecker so eingestellt, daß er mitten in der Nacht klingelte. Während ich nun die Stadt in der Wüste beschrieb, dachte ich nach, wo ich sie gesehen haben mochte. Im allgemeinen träumte ich nur von Orten, an denen ich wirklich gewesen war, und so überlegte ich jetzt, ob mich vielleicht jemand in der Kindheit zu irgendwelchen Steinruinen in der Wüste mitgenommen hatte.

Und der Traum ließ mich in einem merkwürdig empfänglichen Zustand zurück. Meine letzten Gedanken vor dem erneuten Einschlafen waren, daß ich rasch wieder an die Bilder anknüpfen mußte, daß es galt, die Stadt und die Leute, die sich in ihrer Tiefe verbargen, wiederzufinden und ihnen meine Hilfe anzubieten.

Doch bis zum Morgen hatte ich den Traum fast vergessen – ich erinnerte mich nur noch, daß ich aufgewacht war und etwas niedergeschrieben hatte. So legte ich das Notizbuch zu meinem Bücherstapel und verließ kurz vor Mittag das Haus, um noch einen der Uni-Busse zu erwischen. Im Bus entdeckte ich ein hübsches, dunkelhaariges Mädchen, das mir schon früher aufgefallen war, und setzte mich neben sie. Sie war Kunststudentin – ein Skizzenblock lag offen auf ihren Knien. Ein vertrautes Symbol entstand unter dem Gestrichel ihres Stiftes – ein schalenförmiges Labyrinth mit einem stilisierten Vogel, der sich aus dem Zentrum erhob.

Ich starrte die Zeichnung an, obwohl mir zunächst nur bewußt war, daß ich das Thema irgendwoher kannte, bis ich plötzlich mit erschreckender Klarheit – als sei es die Erinnerung an eine Realität und nicht nur an einen Traum – die weiße Steinmauer wieder vor Augen hatte, in die dasselbe Symbol eingeritzt war. Ich hatte es im Traum mit dem Finger nachgefahren.

»Was zeichnen Sie da?« fragte ich.

Sie schaute auf, schien mich von früheren Busfahrten wiederzuerkennen und lächelte. »Das? Ach, das ist nur so hingekritzelt.«

»Aber was bedeutet dieses Zeichen? Woher kommt es?«

Sie lachte. »Soeben meinem Gehirn entsprungen.«

Ich war verblüfft. »Wissen Sie das genau? Oder

könnten Sie es vorher schon mal irgendwo gesehen haben?«

»Ja, möglich.« Sie runzelte die Stirn, doch gleich darauf glätteten sich ihre Züge wieder. »Keine Ahnung. Jedenfalls kam es in einem Traum vor, den ich diese Nacht hatte.« Sie lachte wieder, ein warmes, leises Lachen. »Schauen Sie mich nicht so entgeistert an! Haben Sie noch nie Denkanstöße durch einen Traum erhalten?«

»Dauernd«, entgegnete ich trocken. »Genaugenommen ist das auch der Grund meiner Frage. Dieses Symbol kam nämlich heute nacht auch in meinem Traum vor.« Ich tippte auf das Notizbuch in meinem Bücherstapel. »Ich habe ihn hier niedergeschrieben. Es war genau halb vier. Zu dieser Zeit holte mich der Wecker aus dem Schlaf. Ich hatte ihn in der Absicht gestellt, einen Traum festzuhalten – das ist Teil eines Experiments, das ich gerade mit meiner Klasse durchführe.«

Ihre braunen Augen schauten mich groß an. Sie schien mir ohne weiteres zu glauben. »Wie merkwürdig«, murmelte sie. »Halb vier ...« Sie wandte sich wieder ihrem Skizzenblock zu und begann einen kunstvollen Rahmen um das Symbol zu zeichnen. »Sehen Sie, mir wäre dieser Traum vermutlich ganz entfallen. Aber Bogey – das ist mein Hund – bildete sich gegen halb vier ein, daß er dringend raus müßte, und weckte mich. Während ich darauf wartete, daß er wieder an der Tür kratzte, saß ich da, kritzelte in meinem Block und dachte über meinen Traum nach.«

Sie schlug ein paar Seiten des Spiralblocks zurück und schob mir dann ein Blatt unter die Nase.

Eine Reihe von Steinquadern, eine Mauer. Wieder das Labyrinth mit dem Vogel. Ein steinernes Tor. Und Gesichter. Gesichter, die ich erkannte. Die Leute aus meinem Traum.

Ich fühlte mich komisch, mein Puls begann zu jagen. »Sieht genau wie mein Traum aus«, sagte ich ruhig.

»Ich war irgendwo in der Wüste«, erzählte sie. »Und da stand diese alte Stadt, die angeblich längst verlassen war; aber die Leute, die sie erbaut hatten, waren in Wirklichkeit unter die Erde geflohen und verbargen sich da. Sie machten einen äußerst gütigen und friedfertigen Eindruck und schienen zu befürchten, daß man sie umbringen werde, wenn sie nach oben kämen. Sie waren ein wundervolles Volk – ich liebte sie und versuchte, ihnen zu helfen. Sie fragten mich immer wieder, ob jetzt wirklich der rechte Zeitpunkt zum Auftauchen sei, und ich versicherte ihnen, daß jeder sie genauso liebgewinnen würde wie ich. Und dann weckte mich Bogey.«

Ich schlug mein Notizbuch auf und reichte es ihr wortlos hin.

Während sie las, starrte ich an ihr vorbei aus dem Fenster auf die sonnenhellen Straßen der Nachbarschaft, durch die der Bus dröhnte. Das Vertraute war mit einemmal fremd geworden, das Fremde vertraut. Die Welt hatte sich verändert – ich konnte nicht sagen, ob zum Guten oder zum Schlechten.

»Telepathie«, sagte eine klare Stimme neben mir.

Ich schaute sie an und schüttelte den Kopf. »Aber weshalb? Wir beide kennen uns nicht einmal – wie sollte da ein derart enges Band zwischen uns bestehen?«

Sie hielt meinen Blick fest. »Karma«, meinte sie. »Unsere Begegnung war vorbestimmt.«

Ich lachte über ihre Worte, aber ihr Augenausdruck gefiel mir. Mir gefiel sogar der Gedanke, daß uns irgendein

Schicksal zusammengeführt hatte, auch wenn es eine alberne Idee war.

»Ein hochwissenschaftlicher Vorschlag«, neckte ich sie. »Was halten Sie davon, wenn wir das in aller Ruhe bei einem Abendessen besprechen?«

»Klingt gut.«

Durch das Fenster sah ich die Unitürme näherschaukeln. Ich mußte gleich aussteigen. »Um halb sieben im *Hänsel und Gretel*?« schlug ich vor und sammelte meine Bücher ein.

Sie bedachte mich mit einem dieser Blicke, die wie Stromschläge durch und durch gingen. »Ich werde da sein.«

Erst als ich den Bus verlassen hatte, fiel mir ein, daß ich nicht einmal ihren Namen wußte.

Aber ich rechnete kaum damit, daß sie mich versetzen würde – nicht nach diesem verheißungsvollen Beginn. Ich schlenderte über einen Graspfad zu dem Gebäude, in dem ich ein Übungsseminar für Protokollberichte abhielt. Es ist üblich, den frisch ernannten Assistenten die langweiligsten Einführungskurse aufzuhalsen, und ich schätzte mich dieses Semester glücklich, wenigstens ein Thema erwischt zu haben, das etwas außerhalb des Gewohnten lag – ganz abgesehen davon, daß ich die Vorlesung für schwach und sinnlos hielt.

Ich blieb noch eine Weile draußen auf den Stufen und rauchte eine Zigarette. Obwohl ich mich redlich bemühte, meine Gedanken für den Unterricht zu sammeln, kehrten sie immer wieder zu dem Traum – meinem Traum, ihrem Traum – zurück, und ich grübelte, was er bedeuten mochte.

Als ich schließlich nach drinnen ging und den großen

kahlen Hörsaal im Souterrain betrat, waren meine zehn Studenten schon vollzählig versammelt.

Ich setzte mich wie gewohnt auf die Schreibplatte des alten Holzpultes ganz vorne im Saal und blickte über die Köpfe hinweg. »Nun, hatte jemand von Ihnen Schwierigkeiten, einen Traum einzufangen?« fragte ich.

Wie sich herausstellte, konnten nur fünf meiner zehn Studenten einen Bericht vorweisen. Einer hatte das Wekkerrasseln überschlafen, ein anderer die gestellte Aufgabe schlicht vergessen. Die restlichen drei zeigten sich besonders betrübt, denn sie hatten meinen Tip, den Wecker zu stellen, als unnötig abgetan – angeblich träumten sie immer sehr lebhaft und erinnerten sich später auch an ihre Träume. Ausgerechnet an diesem Morgen waren sie im Stich gelassen worden – sei es von ihrem Traum oder ihrem Gedächtnis.

Ich nickte gedankenschwer und merkte, wie ich in die Psychiaterrolle schlüpfte, die sie mir offensichtlich zugedacht hatten.

»Vielleicht«, sagte ich und fand noch Spaß daran, »träumen Sie von Dingen, die Ihnen peinlich sind und die Sie nicht gern vor der Gruppe besprechen? So daß Ihr Unterbewußtsein sie zensiert und nicht freigibt? Gut, versuchen Sie es diese Nacht noch einmal! Wer beginnt mit dem Protokoll?«

Eve Johnson hob die tadellos manikürte Hand, und als ich ihr zunickte, fing sie an, frei zu erzählen. Nur gelegentlich warf sie einen Blick auf ihre Notizen.

»Mein Traum begann bei einer ziemlich faden Studentenparty. Aber dann kamen ein paar Freunde von mir auf die Idee, daß wir einen Trip nach Kalifornien machen könnten – jetzt, auf der Stelle. Das hatte ich übrigens tatsächlich mal erlebt, daß Bekannte von mir aus einer Augenblickslaune heraus nach Kalifornien fuhren. Jedenfalls waren wir im Traum plötzlich alle unterwegs, in einer Wüstengegend, die an New Mexico erinnerte. Irgendwann verließen wir die Autostraße und folgten eine Zeitlang einer holprigen Fahrrinne mitten durch die Leere. Dann tauchte urplötzlich diese riesige Steinstadt vor uns auf. Sie war aus großen weißen Quadern errichtet, und wir konnten sie klar im Mondlicht erkennen. Aber sie war verlassen – und während ich sie betrachtete, fiel mir ein, daß sich ihre Erbauer aus Angst vor der Regierung oder sonstjemand unter der Erde verborgen hielten. Dann – was ist los?«

Erst jetzt kam mir zu Bewußtsein, daß ich vom Pult gerutscht und auf sie zugegangen war.

»Äh – könnte ich Ihre Notizen einmal sehen?«

Mit hochgezogenen Augenbrauen legte sie das Heft in meine Hand. Ich überflog die saubere, gleichmäßige Handschrift, las, wie sie die Tunnel entdeckt hatte und mit den Leuten zusammengetroffen war, die unter der Stadtruine lebten.

Ich warf einen Blick auf die anderen, von denen einige erstaunt, andere dagegen merkwürdig erregt wirkten. »Etwas Seltsames ist hier geschehen«, sagte ich. »Der Traum von Eve hat bemerkenswerte Ähnlichkeit mit dem, den *ich* letzte Nacht hatte . . .«

»Ich auch!«

»Und ich!«

Pat Haggard und Bill Donaldson hatten fast gleichzeitig gesprochen. Nun schauten sie erst mich, dann einander überrascht an. Ihre Mienen verrieten Neugier und Mißtrauen.

»Noch jemand?« fragte ich, und mir kam zu Bewußtsein, daß ich ziemlich dämlich grinste. »Ich meine, wer sonst hatte einen Traum mit diesen Elementen – der verlassenen Steinstadt in der Wüste, den unterirdischen Tunnels, dem Volk, das sich fürchtete, an die Oberfläche zu kommen?«

Langsam hob Mary Crouch die Hand. »Ich glaube, ich träumte auch etwas in der Art«, meinte sie. »Ich kann mich nicht mehr genau erinnern. Nur, daß ich mit diesen wundervollen Leuten gesprochen hatte, einem hochentwickelten, friedliebenden Stamm, der irgendwo in der Nähe von großen Steinruinen zu leben schien.«

Ich nickte langsam. »Bill, Pat ... könntet ihr bitte eure Traumprotokolle vorlesen?«

Alle Elemente waren vorhanden; all die unbegreiflichen Parallelen. Der gleiche Traum, erlebt von sechs verschiedenen Menschen. Mindestens.

Den Rest der Unterrichtszeit sprachen wir über Träume im allgemeinen und dieses verrückte Zusammentreffen im besonderen. Wir brachten Telepathie und Präkognition ins Spiel – eine der lebendigsten, spannendsten, erstaunlichsten Diskussionen, die sich wohl je in einem Hörsaal abgespielt hatte. Aber natürlich erhielten wir weder einen Beweis noch eine echte Antwort. Als der Gong ertönte, wurde uns allen schmerzhaft klar, wie wenig wir im Grunde wußten. Meine Studenten versprachen, weiterhin ihre Träume aufzuzeichnen, und boten voller Eifer an, Nachforschungen zu unserem Trauminhalt anzustellen.

Als sie gegangen waren, schlenderte ich über das Unigelände zur Bibliothek, um selbst ein paar Dinge nachzulesen. Ich hatte beschlossen, zuerst einmal festzustellen, ob der Ort, von dem wir alle geträumt hatten, einen realen Hintergrund besaß.

Ich wühlte mich durch Bände von Anthropologie, Archäologie und Reiseberichten, fand die Stadt, die ich suchte, jedoch weder bei den anatolischen Ruinen noch in Griechenland, Peru, den monolithischen Strukturen Maltas oder in der arabischen Wüste. Da zwei der Träumer New Mexico erwähnt hatten, wandte ich mich Büchern über den Südwesten zu. Da fand ich die Stein- und Lehmbauten der Pueblo-Indianer, die Hogans der Navajos und die Legenden von den Sieben Städten von Cibola. Die Pueblo-Stämme glaubten, daß ihre Vorfahren durch ein Loch im Boden von einer unterirdischen Welt ins Diesseits gelangen konnten. Ich machte mir Notizen, fand jedoch keine Lösungen.

Sie wartete bereits vor dem Restaurant, als ich ankam, noch hübscher und größer, als ich sie in Erinnerung hatte. Sie trug ein schwarzes nostalgisches Kleid, eine Menge Straßglimmer, Stöckelschuhe und eine Hochfrisur, in der sie aussah wie ein Filmstar der vierziger Jahre.

Sie kam mit raschen Schritten auf mich zu. »Ich muß Ihnen soviel erzählen!« rief sie.

Ich nahm ihre Hand. »Wie wäre es erst einmal mit Ihrem Namen?«

Wir lachten beide.

»Judy Anderson.«

»Rick Karp.«

Wir schüttelten einander feierlich die Hand und mußten von neuem lachen.

»Sie sehen klasse aus«, sagte ich. »Ich komme mir neben

Ihnen wie ein Holzhacker vor. Ich hätte mir wenigstens einen Frack leihen sollen.«

»Nein, nein, das Hemd gefällt mir.« Sie zupfte an dem Material herum. »Ich habe sogar ein ganz ähnliches daheim, nur die Azaleen drauf sind etwas kleiner und knallrosa.«

»Es ist zwischen Hawaii und hier ein wenig ausgebleicht«, meinte ich.

Wir wählten eine Nische im Hintergrund, und ich bestellte für den Anfang einen Krug dunkles Bier und eine Käseplatte.

Judy beugte sich über den Tisch. »In unserem Kurs für Gebrauchsgrafik erhielten wir heute morgen die Aufgabe, ein Markenzeichen für eine selbsterfundene Firma zu kreieren. Eine Art Piktogramm, wenn Sie verstehen, was ich meine. Und eines der Mädchen zeichnete ein Labyrinth, aus dessen Zentrum ein Vogel aufstieg – für eine Firma, die sie ›Anasazi Airlines‹ nannte.«

Ich zog bei dem Namen überrascht die Brauen hoch.

»Nun, ich fragte sie, wie sie ausgerechnet darauf gekommen sei, und sie meinte, einfach so. Das hörte unser Dozent und erklärte in seiner gewohnt arroganten Art: ›Ehre, wem Ehre gebührt, meine Liebe! Dieses Symbol schufen die Anasazi-Indianer vor mehr als tausend Jahren.‹«

»Die Anasazi-Indianer«, murmelte ich und rief mir noch einmal ins Gedächtnis, was ich an diesem Vormittag über sie gelesen hatte. »Das waren die Vorfahren der Pueblo-Indianer – also Hopi-, Zuni- und Pueblo-Stämme. Die Anasazi-Kultur breitete sich im gesamten Südwesten aus. Das Wort ›Anasazi‹ stammt aus der Navajo-Sprache und bedeutet ›die Alten‹.«

Sie zog eine Schnute. »Und ich dachte, ich könnte Sie mit einer gründlichen Nachforschungsarbeit beeindrukken. Aber nun passen Sie gut auf! Ich ging praktisch die gesamte Kunstgeschichte-Bibliothek durch und stieß nirgends auf dieses Vogel-im-Labyrinth-Symbol. Ich dachte, wenn mein Lehrer davon wußte, müßte es einigermaßen bekannt sein. Haben wir eigentlich auch das Wort ›Anasazi‹ geträumt?«

»Mit freundlicher Genehmigung der Anasazi-Sendezentrale?« Ich berichtete, was sich in meinem Übungsseminar abgespielt hatte. Ihre Augen wurden riesig. Ich legte meine Hand auf die ihre. »Also doch kein Karma.«

»Vielleicht ist es Ihr Traum, und Sie strahlen ihn an alle empfänglichen Leute aus?«

Ich schüttelte den Kopf. »Es fühlt sich durchaus nicht wie ›mein‹ Traum an. Aber selbst wenn das die Situation für meine Studenten erklären würde – weshalb hätten *Sie* ihn dann empfangen?«

Sie schaute mich unter halb gesenkten Wimpern an. »Vielleicht sind Sie mir schon früher im Bus aufgefallen . . . vielleicht habe ich an Sie gedacht . . . vielleicht bin ich außergewöhnlich empfänglich für Ihre Gedanken?«

Ich grinste. »Und das Mädchen in Ihrer Grafikklasse?«

»Oh – Zufall.«

»Alles, nur das nicht. Irgend etwas stimmt da nicht . . .«

»Rick, vielleicht hatte jeder den Traum. Aber nur wenige Leute erinnerten sich daran – eben die, welche dabei wach wurden wie Sie und ich.«

Aus irgendeinem Grund jagte mir dieser Gedanke einen Schauer über den Rücken. »Dafür haben wir keinen Beweis.«

»Nein. Und wenn die anderen den Befehl erhielten, den

Traum wieder zu vergessen, werden wir den Beweis auch nie erhalten.«

Ich schwieg. Durch meine Vorstellung geisterte der verrückte Gedanke einer landesweiten – weltweiten – Traumkontrolle. »Aber was würde das bedeuten?« fragte ich. »Angenommen, das stimmt – *weshalb* hätten wir dann alle das gleiche geträumt? Sendet jemand die Bilder aus? Warum? Und wenn es Absicht ist, daß wir alle das gleiche träumen – weshalb vergißt dann ein Großteil der Empfänger den Inhalt wieder? Was könnte man damit erreichen?«

»Die Menschen werden stark von den Dingen beeinflußt, die ihr Unterbewußtsein gespeichert hat«, gab Judy zu bedenken.

»Ja, aber ... warum? Nein, diese Theorie einer weltweiten Einflußnahme ergibt keinen Sinn. Logischer wäre da schon die Annahme, daß Sie und ich und das Mädchen in Ihrem Kurs und meine Schüler telepathischen Kontakt hatten ... oder empfänglich sind für die Ausstrahlung anderer ... eines einzelnen ... einer Gruppe. Das hat es gegeben und wird es immer wieder geben.«

Judy lachte mich an. »Wenn ich behaupte, daß zwischen uns beiden eine Bindung besteht, lächeln Sie spöttisch. Dabei ist Ihre Theorie nichts anderes als mein Karma – unter einem anderen Namen.«

Wir sprachen während des Essens von nichts anderem – unsere Spekulationen nahmen zum Teil wilde Formen an –, aber dabei entspann sich mehr zwischen uns als eine bloße Diskussion. An diesem Abend kam sie mit zu mir.

Im Laufe der nächsten zwei Wochen führten Judy, ich und die Studenten aus meinem Kurs genaue Traumprotokolle. Aber es gab keine weiteren ›Zufälle‹ – sämtliche Träume waren an die Person, den einzelnen und seine Umwelt gebunden. Ich begann an einem Bericht zu arbeiten, den ich dem Maimonides-Traumforschungslabor in New York schicken wollte. Judy und ich verbrachten immer mehr Zeit zusammen.

Eines Nachts lagen wir gemütlich im Bett und achteten kaum auf die Nachrichten, die über den kleinen Schwarzweiß-Kasten am Fußende flimmerten. Plötzlich aber stutzten wir.

Judy richtete sich halb auf. »Moment, was war das?«

Ein Wort von dem TV-Blabla war hängengeblieben: »Anasazi.«

In einer windgepeitschten Wüstenlandschaft stand ein gutgekleideter Reporter neben einem Mann in verdreckten Jeans, der einen Grubenhelm trug. Die Kamera schwenkte zu einem Fleck, wo gerade Ausgrabungen im Gange waren.

»Und wer waren nun eigentlich die Anasazi?« fragte der Reporter.

Sein Gegenüber, durch eine Schrifteinblendung als Dr. Reuben Collier, UCLA, vorgestellt, wischte sich über die Stirn. »Die Vorläufer der heutigen Pueblo-, Hopi- und Zuni-Stämme. Wir hatten nie damit gerechnet, auf einen derart umfangreichen Fund zu stoßen. Hier mitten in Neu-Mexiko gelang es uns, eine ungeheuer weitläufige, architektonisch durchgestaltete Stadt aus Stein und Adobe freizulegen. Viele der Bauwerke sind durch unterirdische Tunnel miteinander verbunden. Allein die Existenz dieser Stollen grenzt an ein Wunder. Ich würde sagen, diese Anlage nimmt es an Bedeutung mit sämtlichen Funden der Alten Welt auf.«

»Erstaunlich«, sagte der Reporter. »Aber Sie erwähnten vorhin, daß Sie selbst nicht mit diesem Fund rechneten. Wußte denn niemand, daß diese Wüste eine alte Stadt barg?«

»Wir hatten keine Ahnung, daß die Kultur der Anasazi je eine solche Hochblüte erreichte«, erklärte der Archäologe. »Natürlich ergibt sich dadurch die neue Frage, was mit dieser Kultur geschah, weshalb sie unterging. Aber es hieße die Sache vereinfachen, wenn wir dies einfach das Werk ›der Anasazi‹ nennen . . .«

»Wie stießen Sie auf diesen Ort, Dr. Collier?«

Er schnitt eine Grimasse. »Höchst unwissenschaftlich, muß ich gestehen. Man hatte mir Gelder für Grabungen in dieser Gegend bewilligt, und ich versuchte vor allem anhand von Luftaufnahmen festzustellen, ob sich etwas unter dem Sand verbarg. Aber daß ich gerade hier anfing – also, offen gestanden, diese Idee kam mir in einem Traum.«

»Viele Archäologen träumen von großen Funden; Reuben Colliers Traum ist Wirklichkeit geworden«, meinte der Reporter und strahlte in die Kamera. »Durch die Sendung führte Steve Carpenter.«

Ich hatte ein enges Gefühl in der Brust. Mir kam zu Bewußtsein, daß ich die Luft angehalten hatte, und ich atmete mit einem tiefen Seufzer aus.

»*Das* ist es also«, sagte Judy. »Für *ihn* war die Botschaft bestimmt.« Ihre Stimme klang seltsam befriedigt.

Ich starrte sie an. »Wovon redest du?«

»Von den Träumen. Für uns ergaben sie keinen Sinn – für ihn dagegen sehr wohl.«

»Schon, aber was weiter? Ich meine, was willst du mit deinen Worten zum Ausdruck bringen?«

»Daß es der *Sinn* des Traumes war, jemanden zu dieser alten Stadt zu führen.«

»Und wem lag das am Herzen, wenn die Frage gestattet ist? Ein paar toten Indianern?«

Sie nagte an ihrer Unterlippe. »Tja, das weiß ich auch nicht. Aber nun, da die Stadt entdeckt wurde, erscheinen die Träume irgendwie in einem anderen Licht.«

»Finde ich gar nicht.« Ich dachte daran, mit Collier Verbindung aufzunehmen, und überlegte, ob noch mehr Leute, die unseren Traum empfangen und den Archäologen am Bildschirm gesehen hatten, zu dem gleichen Entschluß kommen würden.

»Schau«, fuhr Judy fort, »wenn der Traum einen *Sinn* hatte – wenn er etwas bewirken sollte –, dann könnte es das hier gewesen sein. Vielleicht träumten ihn viele Menschen, aber nur eine ganz geringe Anzahl konnte etwas damit anfangen – wie dieser Anthropologe. Der Traum hatte für ihn Bedeutung, er konnte ihn verwerten.«

Ich schüttelte den Kopf, verärgert, weil das, was sie für eine Lösung hielt, überhaupt keine war. »Woher kamen die Träume? Wer strahlte sie aus? Wer konnte ein Interesse daran haben, daß diese Stadt entdeckt wurde? Und gab es keine andere Möglichkeit, auf sie hinzuweisen, als durch einen Traum?«

»Keine Ahnung«, schmollte sie. »Ich behaupte auch nicht, daß ich den Stein der Weisen gefunden hätte. Es war nur ein Vorschlag.«

Was blieb mir da anderes übrig, als sie zu küssen und ihr zu versichern, daß der Vorschlag gut war, so gut wie jeder andere. Und das stimmte wohl auch – aber die Sache ergab immer noch keinen Sinn.

Die Stadt in der Wüste von Neu Mexiko mußte der größte archäologische Fund aller Zeiten sein. Sie verursachte mehr Wirbel als damals die Entdeckung von König Tutench-amuns Grab. Mit einemmal brach im ganzen Land das Anasazi-Fieber aus. Schlagzeilen, wohin man auch schaute, Illustrierten-Artikel, Bücher, Fernseh-Sonderberichte und Reklamesendungen. In den Läden tauchten Anasazi-Spielsachen, -souvenirs und -postkarten auf. Eines Tages kreuzte Judy in einem Strandkleid auf, das mit diesem Vogel-im-Labyrinth-Symbol bedruckt war. Es war eine Flut, ein Dauerbeschuß. Jeder redete von den Anasazi und wußte alles über sie. Jeder träumte von ihnen. Bei dem Meer von Informationen, das über uns hinwegschwappte, wäre es komisch gewesen, *nicht* von ihnen zu träumen. In den nächtlichen Bildern – zumindest in meinen und denen von Judy – waren die Anasazi stets das sanfte, weise und friedfertige Volk jenes ersten Traums, nur daß sie nun ihre unterirdischen Stollen verlassen hatten. Und selbst der ursprüngliche Traum, den wir mit einer unbekannten Zahl von Menschen teilten, erschien mir nicht mehr absurd. Wir waren jetzt alle so sehr von den Anasazi besessen, daß man den Eindruck gewann, als habe sich damals die Macht des Augenscheins gegen unser Unterbewußtsein gestemmt und Anerkennung verlangt: die Anasazi, die anklopften, um eingelassen zu werden – die Anasazi, die sich mit Geisterstimmen in Erinnerung riefen.

Ich hatte wahrend dieser Zeit wiederholt die Vision einer Anasazi-Schar, die aus dem Erdinnern auftauchte. Sie erklommen schmale Steinstufen und kamen aus den Stollen ins Freie, einer um den anderen, bei Tageslicht und Sternenschein.

Einer um den anderen quellen sie hervor, die Prozession setzt sich endlos fort, und all diese Fremden sehen für mich gleich aus. Ihre Mienen sind wachsam, dankbar, argwöhnisch. Sind wir schon daheim? scheinen sie zu fragen. Droht uns keine Gefahr mehr?

Kein richtiger Traum – ganz anders als meine sonstigen Träume über die Anasazi –, eher ein flüchtiger Gedanke, ein Bild, das immer wiederkam und mich beunruhigte.

Denn die Anasazi *waren* plötzlich aufgetaucht, hatten sich unter uns gemischt, als keiner hinsah. Und alle – ich ausgenommen – schienen sich damit zu begnügen, ihren Augen zu trauen statt ihren Erinnerungen, und alle akzeptierten als Tatsache, daß die Anasazi immer schon unter uns gelebt hatten.

Ich sah sie überall. Eine Frau mit markanten Anasazi-Zügen saß irgendwo still in einem Stadtbus oder schob einen Einkaufswagen durch ein Lebensmittelgeschäft. Ein Anasazi-Mann wartete mit zwei kleinen Kindern an der Fußgängerampel, Gesichter in der Menge, in den Abendnachrichten, in vorbeifahrenden Autos. Sie hatten sich heimlich eingeschlichen und fügten sich in die Gesellschaft, als seien sie schon immer da gewesen.

Selbst für mich hatte die Vision etwas von einer Zwangsvorstellung – woher sollten sie denn gekommen sein, wenn sie nicht immer unter uns gelebt hatten? –, und so bemühte ich mich, nicht darüber nachzudenken, und sprach auch mit keinem darüber. Ich stand unter erheblichem Druck, da ich an meiner Doktorarbeit schrieb und mich gleichzeitig auf ein Leben zu zweit einrichtete. Zu Beginn des Sommers mieteten Judy und ich ein Haus und sprachen davon, ›irgendwann‹ zu heiraten.

Gegen Ende des Sommers, als mir meine Arbeit wieder etwas Luft ließ, entdeckte ich, daß sich die Anasazi zusammengeschlossen hatten und von der Regierung ›ihre‹ Stadt (schon vor Monaten, versteht sich, *Cibola* genannt) sowie das umliegende Land als ehemaligen Stammesbesitz zurückforderten.

Schon früher hatten Indianergruppen Ansprüche auf Florida und New York und andere Gegenden angemeldet, und so sah man nichts Außergewöhnliches an dem Verlangen. Außergewöhnlich war allerdings die Reaktion. Die Volksseele schlug sich ganz auf die Seite der Indianer. Senatoren und andere politische Vertreter sprachen sich dafür aus, ihnen ihr Land zurückzugeben. Selbst der Präsident ...

Den Zeitungs- und Fernsehmeldungen nach schien sich alles mit verblüffendem Tempo zu entwickeln. An einem heißen Tag im September hatten Judy und ich es uns im Schlafzimmer bequem gemacht. Der Fensterventilator lief auf Hochtouren, um die Luft etwas abzukühlen, wir aßen chinesische Spezialitäten von Papptellern und achteten nur nebenbei auf das Nachrichtengeflimmer am Fußende des Bettes, als sich der Präsident mit einer Sonderansprache an die Nation wandte: Cibola sowie das umliegende Land gehörte von nun an wieder dem Stamm der Anasazi. Einfach so.

Judy stieß einen leisen Freudenschrei aus. Ich setzte mich auf, schob meinen Pappteller beiseite und drehte den Kasten ab.

»Was hast du denn?« fragte sie.

»Woher kommen die Anasazi?« entgegnete ich. »Wer sind sie? Vor zwei Jahren kannte sie keiner außer ein paar Professoren und Archäologen. Nun haben sie plötzlich nicht nur eine Geschichte, sondern eine Gegenwart, eine Zukunft – und eine Menge eigenes Land.«

Sie starrte mich an.

»Ich dachte, du seist auch der Meinung, daß man die Indianer . . .«

Ich unterbrach sie mit einer Handbewegung. »Ich spreche nicht von den *Indianern.* Ich spreche von . . . diesen Leuten, die wir Anasazi nennen. Woher kamen sie so plötzlich? Erinnerst du dich noch an die Nachforschungen, die wir anstellten? Die Kultur der Anasazi ging vor langer Zeit unter – ihre Nachfahren sind die Pueblos, Hopis und Zunis. In keinem einzigen Buch stand erwähnt, daß es heutzutage noch einen Stamm dieses Namens gibt – und doch wimmelt es plötzlich von Anasazi!«

»Ach, *Bücher*!« sagte sie mit leiser Verachtung. »Woran glaubst du, Rick? An das, was dir ein paar alte Schinken erzählen, oder an das, was du weißt – was dir deine Sinne sagen?«

»Was *weiß* ich denn? Ich weiß, daß ich seit jenen Träumen und der Entdeckung von Cibola überall Anasazi sehe und von ihnen höre. Vorher nicht – denn vorher waren sie nicht da.«

»Natürlich waren sie da! Wir haben nur nicht auf sie geachtet!«

»Genau das möchten sie uns gern einreden«, hielt ich ihr entgegen. Ich machte eine Pause, stählte mich innerlich, das laut auszusprechen, was ich fühlte. Es war eine verrückte Idee – ich wußte das genauso gut wie jeder andere –, aber sie quälte mich dennoch und hielt sich ebenso hartnäckig wie jener Traum; ich war es leid, sie ständig zu verdrängen.

»Paß auf«, sagte ich nach ein paar Sekunden, »ich verlange nicht, daß du glaubst, was ich dir jetzt sage. Ich möchte nur, daß du mir zuhörst und mitdenkst. Angenommen, es gab irgendwo, vielleicht auf einem anderen Planeten, eine Rasse, die uns entweder ähnelte oder ihr Aussehen so ändern konnte, daß sie uns ähnelte. Und dann geschieht etwas. Vielleicht steht ihr Planet vor der Vernichtung, und sie brauchen eine neue Heimat. Eine Welt wie diese.« Die Handlungen alter Filme, Comics und Bücher, die ich in meiner Jugend verschlungen hatte, kreisten in meinem Kopf. »Aber dieses Volk ist nicht aggressiv – es möchte die primitiven Erdenbewohner weder erschrecken noch verletzen. Schließlich braucht es nur einen Stützpunkt, Platz für eine Kolonie von – sagen wir – fünfzig- bis hunderttausend Leuten.

Sie könnten auf einer sehr hohen Zivilisationsebene stehen, wenngleich sie ihre Technik nicht zu Kriegszwecken nützen. Sie werben für sich in Form von Träumen, so daß wir unseren neuen Nachbarn nachts begegnen, unter ganz vertrauten Umständen, und die Fakten in einer Weise speichern, daß wir uns später nicht mehr bewußt daran erinnern können. Jedermann liebt sie, ohne zu wissen, warum. Jedermann ist an den Gedanken ihrer Existenz gewöhnt und glaubt fest, daß es sie immer gegeben hat, als sie dann endlich auftauchen – nimmt sie als das Urvolk auf, dessen Namen sie benutzen.«

»Du behauptest, daß die Anasazi aus dem Weltraum zu uns kamen – in UFOs?« fragte Judy sanft.

»Vielleicht nicht ganz so, wie es unsere Romanschreiber gerne hätten«, entgegnete ich. »Anstatt mit Blitz und Donner in Silberschiffen aufzutauchen, wählten sie die Hintertür – kletterten aus einem Loch im Boden. Sie traten durch ein interdimensionales Tor, brachten ihre Stadt der unterirdischen Stollen und oberirdischen Bauwerke mit – und keiner bemerkte es.«

»Bis auf dich«, meinte Judy. »Ach, Rick!« Ihre Miene wirkte bekümmert. Sie sah aus, als wollte sie gleich losweinen.

»Du hältst mich für übergeschnappt«, sagte ich. »Nur weil ich mir Gedanken darüber mache, woher die Anasazi wirklich kamen!«

»Wenn ich eines Morgens aufwache und dich höchst beunruhigt frage, woher all diese braunhäutigen Leute mit spanischen Familiennamen kommen, und wenn ich dir nicht glaube, daß sie keine Invasoren sind, sondern schon immer unter uns gelebt haben – du würdest mich für paranoid halten, oder?«

»Ich würde glauben, daß du mich auf den Arm nehmen willst.« Ich zuckte mit den Schultern. »Versteh mich recht, ich gönne ihnen ihre Wüstenstadt – sie haben sie schließlich selbst errichtet, auf einem Landstrich, den ohnehin keiner nutzte. Aber mir gefällt der Gedanke nicht, daß sie unser Gedächtnis manipuliert haben, daß sie uns dazu gebracht haben, sie zu lieben. Selbst während ich das sage, Judy, flüstert mir etwas in meinem Innern zu, daß dies verrücktes Geschwätz ist – daß ich wie alle anderen weiß, wer die Anasazi sind! Und ich empfinde gegen meinen Willen Wärme für sie. Aber ich weiß auch, was ich gelesen habe, und ich finde es sehr verdächtig, daß vor der Entdekkung von Cibola nichts über die Anasazi geschrieben wurde, außer daß es sich um den Namen einer längst untergegangenen Kultur handelt. Es gibt keinen Hinweis auf einen Stamm dieses Namens in der Gegenwart. Es ist, als ob ... stell dir vor, bei der Wiederentdeckung der Hethiter-Kultur durch Archäologen und Historiker wäre plötzlich eine Volksgruppe aufgetaucht, hätte sich Hethiter genannt und behauptet, sie sei schon die ganze Zeit über da gewesen, obwohl in keinem Buch der Welt auch nur ein Wort über sie steht . . .«

»Rick«, sagte Judy und schaute mich mit zärtlicher Besorgnis an, »ach, Rick, und du hältst *meine* Theorien für ausgeflippt!«

»Es ist keine Theorie«, sagte ich, »nur eine Story!« Ich war wütend, über mich und sie. Ich wollte sie nicht bekehren, nicht einmal mich selbst überzeugen. Ich versuchte nur die widersprüchlichen Informationen zur Deckung zu bringen. Ich wollte begreifen, was geschehen war. Ich wollte nicht recht haben – aber ich wollte auch nicht als verrückt dastehen.

»Du gibst zuviel auf Bücher«, sagte Judy. »Nach all der Arbeit für deine Dissertation ist das auch kein Wunder. Aber der Alltag kennt viele Dinge, die nicht in Büchern stehen. Ich stehe in keinem Buch und du auch nicht – das Telefonverzeichnis einmal ausgenommen –, und wir sind doch real.«

Ich machte keine Einwände mehr. Ich hatte es satt. Wir rauchten und sprachen über andere Dinge. Ich vergaß mein Unbehagen bezüglich der Anasazi nicht, aber ich zermarterte mir auch nicht mehr das Gehirn – es schien einfach keinen Beweis dafür zu geben, daß die Theorie mehr war als ein Auswuchs meiner Fantasie.

Zwei Jahre später machten wir unsere Hochzeitsreise nach Cibola.

Komisch, einen wahr gewordenen Traum zu sehen.

Dieses Cibola hatte sich natürlich verändert. Es war hergerichtet, erneuert – und bewohnt. Kuppeldächer bedeckten jetzt die runden Steinbauten, Holztüren verschlossen die Eingänge, Blumen und Kräuter blühten auf Fensterbänken.

Die Steine hoben sich immer noch grellweiß gegen den blauen Himmel ab wie damals in meinem Traum; aber während wir durch das Gewirr der Kopfsteinpflastergassen schlenderten, verschob sich das Traumbild immer stärker zur harten Wirklichkeit hin: es roch nach Menschen, Tieren und Speisen, und wir hörten, wie Touristen und Anasazi um handgearbeiteten Schmuck und Webdekken feilschten.

Ich streckte die Hand aus, um die behauenen Steinquader zu berühren, die so glatt aneinandergefügt waren. Meine Finger ertasteten die eingeritzten Linien eines Labyrinth-Symbols, und ich fuhr sie nach – wieder? Oder zum erstenmal?

Ein Führer zeigte uns die Sehenswürdigkeiten und erklärte die Gebräuche der Anasazi. Er brachte uns mit untrüglichem Instinkt zu den Läden und Ständen, die Judy am meisten zum Kauf lockten. Während sie die Vorzüge von zwei Silberarmreifen verglich, fragte ich den Führer nach den unterirdischen Gängen.

»Gänge?«

»Ja. Als Cibola entdeckt wurde, hieß es, daß die einzelnen Bauwerke durch Tunnel miteinander verbunden seien.«

»Ach.« Seine Miene verriet nichts. »Da gibt es nicht viel zu sehen. Aber Sie bevorzugen vielleicht einen Platz im Schatten?«

Er führte uns in eine andere Richtung.

Aber der Stollen, den er uns zeigte, hatte keine Ähnlichkeit mit dem kühlen, breiten, hellerleuchteten Tunnel meines Traums. Er war eng und düster, und wir mußten uns bücken, als wir ihm in die Tiefe folgten. Mein Kreuz begann bald zu schmerzen. Nach ein paar Minuten, die keine neuen Erkenntnisse brachten, kletterten wir eine kurze Holzleiter nach oben und landeten in einem Kerzenladen.

»Ist das alles?« fragte ich. »Und die übrigen Tunnel?«

»Es gibt noch mehr davon.« Er nickte. »Enge kleine Korridore, die von einem Haus zum anderen verlaufen – insgesamt etwa zwanzig und keiner größer oder länger als der, den ich Ihnen eben zeigte.«

Ich spürte Judys Blick auf mich gerichtet und wußte, daß sie wußte, was ich dachte. »Sie müßten größer sein«, beharrte ich. »Breiter und sehr tief. Hell erleuchtet. Dazu unterirdische Kammern.«

»Das gibt es hier nicht.« Er schüttelte den Kopf.

Ich verlor plötzlich die Geduld. »Vielleicht doch, und Sie wollen uns nur nicht hinbringen! Wozu brauchen wir überhaupt einen Führer? Was verbergen Sie vor uns?«

Judy nahm mich am Arm. »Rick . . .«

»Sie sind hier Gast«, sagte der Führer betont ruhig. »Sie müssen sich nach unseren Gepflogenheiten richten oder gehen. Sie befinden sich in einem Reservat, mit anderen Worten – auf Indianerland.«

»Auf einer Fremdweltler-Kolonie!« stieß ich hervor. Mir stand der Schweiß auf der Stirn. Ich merkte erst jetzt, wie heiß es war. »Wir haben euch das Land geschenkt. Wir haben euch aufgenommen und euch Lebensraum gegeben, so wie ihr es wolltet. Und jetzt können wir das leider nicht mehr rückgängig machen. Komm, Judy, wir gehen!«

Es hat sicher schönere Flitterwochen gegeben, als wir

sie verbrachten. Judys anfänglicher Ärger darüber, daß ich mich zum Narren gemacht und ihr den Ausflug verpatzt hatte, wandelte sich bald in Sorge um meinen Geisteszustand, als ich die Ansicht äußerte, daß ich nun wohl nicht mehr lange am Leben sein werde, da ich mein Mißtrauen gegenüber den Anasazi laut geäußert habe.

Aber natürlich geschah gar nichts. Und schließlich sprach ich zu Judys Erleichterung nicht mehr über meine paranoiden Fantasien. Vielleicht waren sie berechtigt, vielleicht auch nicht – wie dem auch sein mochte, sie taten weder mir noch den anderen gut.

Und so hatte ich knapp drei Jahre lang keinen Grund, mich meiner Zweifel zu erinnern. Bis vor kurzem.

Es ist etwa zwei Wochen her. Bogey weckte uns mitten in der Nacht, weil er dringend nach draußen mußte. Judy nickte nach einem verschlafenen Streitgespräch, wer den Hund mit in die Ehe gebracht hatte, wieder ein; und ich stand auf und ließ ihn ins Freie. Dabei dachte ich über meinen unterbrochenen Traum nach. Es war ein merkwürdig lebhafter Traum gewesen – und er erinnerte mich an etwas, das ich nicht recht zu fassen bekam. Während ich auf Bogey wartete, nahm ich einen von Judys Skizzenblöcken und einen Stift und kritzelte nieder, was ich noch wußte.

Ich war im Dschungel, in einem tropischen Regenwald an der Flanke eines Berges. Mir fiel eine schwache Spur auf, die verriet, daß schon jemand vor mir hier gewesen war; zugleich bemerkte ich ein seltsames Wispern. Ich hielt an, spähte vorsichtig umher, und dann entdeckte ich sie.

Menschen mit scheuen, verängstigten Mienen, die mich aus Verstecken in den Bäumen und im Unterholz beobachteten. Ich wußte, daß es viel Sorgfalt und Geduld kosten würde, sie ins Freie zu locken. Und ich wollte, daß sie herauskamen – daß sie mir vertrauten. Ich fühlte eine überwältigende Zuneigung zu diesen Leuten, die ich kaum sehen konnte – den Drang, sie zu beschützen, ihnen Sicherheit und Zuflucht zu bieten. Als ich überlegte, wie ich ihnen das übermitteln konnte, weckte mich Bogeys kalte Nase, die beharrlich in mein Ohr schnüffelte.

Während ich dasaß und müde meine Zeilen betrachtete, wußte ich mit einemmal, woran mich der Traum erinnerte. An einen anderen Traum. Ich eilte zurück ans Bett und rüttelte Judy.

»Judy«, sagte ich drängend und versuchte ihre Schlaftrunkenheit zu durchbrechen. »Was hast du eben geträumt? Rasch, sag schon!«

»Hmm? Mach ihnen klar – klar, daß wir sie lieben. Sie haben – nichts zu befürchten.«

Sie sank wieder in die Kissen. Ich gab nicht nach. »Judy! Bitte, wach auf!«

Sie setzte sich blinzelnd auf. »Was ist denn los?«

»Was hast du eben geträumt?«

»Wie?« Sie rieb sich die Augen und gähnte. »Keine Ahnung ... irgend etwas. Ich war im Wald. Mit Freunden. Mehr weiß ich nicht. Was hast du denn, Schatz?«

»Schon gut, schlaf weiter«, sagte ich. »Ich lasse Bogey rein. Wir sprechen morgen darüber.«

Sie schnitt eine Grimasse und brummte, war jedoch eingeschlafen, sobald ihr Kopf das Kissen berührte.

Seither warte ich darauf, daß irgendwo der zweite Stiefel zu dem Paar auftaucht. Und heute ist es soweit. Die Abendschau erwähnte nichts davon. Es stand in der Zeitung, ein kleiner Artikel, nicht mal auf der ersten Seite. Anscheinend gab es heute viele andere wichtige Ereignisse. Ein Bericht von den Philippinen über die Entdekkung eines unbekannten Stammes, der bisher noch nicht mit der Zivilisation in Berührung gekommen war. Er lebt in Berghöhlen eines nahezu undurchdringlichen Regenwaldes. Scheue, sanfte Geschöpfe, die nichts als ihren Frieden wollen. Ich weiß genau, wie sie aussehen.

Aus dem Amerikanischen übersetzt von Birgit Reß-Bohusch

JEFF DUNTEMANN

Der Wächter

Jemand stahl den Schädel der Prinzessin!

Die Augen des Wächters waren getrübt vom Morast. Er versuchte sie zu säubern, doch das Zeug hatte die Düsen verklebt. Alles, was er erkennen konnte, waren zwei kleine Menschengestalten, die von dem Granitblock dicht über ihm sprangen und ins Halbdunkel rannten. Eine der Gestalten hielt den Schädel in Händen.

Zorn! Alle drei mit einer Schutzhaut überzogenen Augen schoben sich jetzt aus dem Sumpf und schwangen auf ihren gepanzerten Stielen suchend hin und her. Dreihundert Jahre Stille und Langeweile hatten den Wächter eingelullt und zu sträflicher Sorglosigkeit verführt. Dreihundert Jahre lang hatte er kein Menschengeschöpf gesehen, gehört oder gerochen. Nun waren die sterblichen Überreste der Prinzessin besudelt – und er hatte nichts dagegen getan.

Die beiden Schatten tauchten in der Ferne unter. Ein dröhnendes *Halt!* fuhr in die Sprachtrompete, doch heraus kam nur das Gurgeln und Schmatzen von Schlamm. Bald waren die Schatten verschwunden.

Schütze die Prinzessin! kreischte etwas in seinem Innern. Der stumpfe schwarze Rüssel seines Hitzestrahlers hob sich über den Morast und schwang in Richtung der fliehenden Menschen.

Töte keinen Menschen ohne Warnung! gab das gleiche Kreischen zu bedenken, dieser innere Lärm, den er Seele nannte. Seine Sprachtrompete blieb stumm.

Sei es drum. Der Schlamm um den Wächter begann sich

aufzuwölben und Blasen zu werfen. Langsam – er hatte vierzehnhundert Jahre im Sumpf gelegen – löste er sich aus dem Saugegriff des Morasts und stolperte hinter den Flüchtenden drein. Eine breite Spur von triefendem Schleim und Sumpfgras kennzeichnete seinen Weg.

»Vater Abt! Der Allmächtige stehe uns bei! Auf unserer Türschwelle lauert – im Namen des Herrn – der *Satan*!«

Abt Gorman Izek schaute von seiner kleinen Bank im Hofe der Abtei auf. Schwach vernahm er von jenseits der Mauern Rufen und Schreien. Bruder Jeshua, der Pförtner, kam auf die Bank zugerannt. Sein Gesicht war rot wie eine Futterrübe, und als er keuchend stehenblieb, brachte er vor Entsetzen keinen Ton heraus.

»Satan erscheint nicht im Namen des Herrn, Bruder.«

Jeshua schwieg. Der arme Mann machte eine heftige Gebärde zur Pforte hin. Sein Mund stand weit offen. Izek spürte einen Hauch von Furcht. So einfältig Jeshua sein mochte, ein Feigling war er gewiß nicht. Hin und wieder hatte er sogar Briganten am Klostertor durch seinen grimmigen Blick zur Umkehr bewegt. Und dann waren da die Schreie.

»Hol mir meine Soutane, Weihwasser und ein großes Kruzifix – das aus der Bibliothek! Beeil dich, Bruder!«

Jeshua brauchte keine Ermahnung. Er stürmte davon.

Abt Izek war nicht auf den Anblick vorbereitet, der ihn auf der schmutzigen Gasse vor der Klosterpforte erwartete. Die Straße war völlig leer. Zu beiden Seiten, vom Sitz des Bürgermeisters bis zum Marktplatz, waren trotz der Augusthitze die Türen fest geschlossen und die Fensterläden verriegelt.

Und dicht vor ihm stand ein *Ding*.

Ein Schlammhügel so groß wie ein Ochsenkarren, übersät mit Entengras, langen grünen Schilfpflanzen und Rohrkolben. Auswüchse auf dem Rücken schwenkten vorwärts und rückwärts. An der Oberseite trocknete der Schlamm bereits zu einer harten Schicht; an der Unterseite triefte er noch zu Boden. Eine schleimige Spur zog sich vom Marktplatz bis zum Kloster. Auch sie war am Eintrocknen.

Izek spürte, wie ihm die Zunge am Gaumen klebte. An jedem der schwingenden Stiele saß ein gut geschütztes Auge mit einer roten Schlitzpupille. Alle drei Augen funkelten ihn an, während das Ding reglos verharrte.

Nur das Wissen, daß einige Mönche leise hinter ihn getreten waren, hinderte ihn daran, herumzuwirbeln und davonzulaufen. Er war schon vor Jahren zu dem Schluß gekommen, daß es Satan nicht gab, es sei denn als Symbol des absolut Bösen oder als Buhmann, der die Bauerntölpel erschreckte und sie bei der Sonntagskollekte tiefer in die Tasche greifen ließ. Nun war ein Klumpen stinkender Schleim an die Klosterpforte gekommen. Die Mönche und das ganze Dorf warteten darauf, daß er etwas unternahm.

Er holte tief Luft und trat mit erhobenem Kruzifix vor. Die drei roten Augen musterten ihn, aber das Geschöpf rührte sich nicht.

»Im Namen des Herrn der Hostie, der über alle sichtbaren und unsichtbaren Dinge regiert, sprich oder hebe dich hinweg!«

Etwas in der Mitte des Geschöpfes gurgelte und sprühte ihm Schlamm entgegen. Izek trat zurück. Das war genauso, wie es in den alten Büchern stand, die von Teufeln, Hexen und Aberglauben handelten. Ein Fliegenschwarm, der vom Entengras aufflog, Schleim und unsäglicher Gestank – er konnte kein besseres Bild von Beelzebub, dem Herrn der Fliegen, heraufbeschwören.

Izek war bis ins Mark erschüttert. Er hatte sicher viel zu beichten, wenn er bis Sonnenuntergang noch lebte und im Besitz seiner Seele war. Kein einziger Exorzismus aus den alten Texten kam ihm über die Lippen. Seine zitternde Rechte umkrampfte das Fläschchen mit Weihwasser, das ihm Jeshua gebracht hatte. Izek beschloß, sein Bestes zu geben.

»Dieser Ort . . . ist heilig . . . den Werken des Herrn geweiht. Im . . . Namen des Vaters, Seines allmächtigen Sohnes Jesus Christus und des Heiligen Geistes, der in ihnen lebt und herrscht, befehle ich dir: Hebe dich hinweg! Kehre zurück in dein Höllenreich und betritt diesen Ort nie mehr! Weiche von uns!«

Endlich gelang es ihm, die alte Flasche zu entstöpseln. Izek schüttete einen dünnen Wasserstrahl über das Ding. Er hielt den Atem an.

Nichts geschah. Nun war der Teufel am Zuge. Izeks Augen begannen sich zu trüben. Endlich wagte er ein Blinzeln. Wegschauen konnte er nicht.

Da entdeckte er ein schwaches Glänzen, wo das Weihwasser das Geschöpf besprengt hatte. Das Glänzen von . . . Metall? Der Verstandesmensch in Izek erwachte und frohlockte. Wenn er sich täuschte, wollte er seine Seele verpfänden! Er entsann sich der kleinen dreibeinigen Maschine, die der alte John Kearns beim Pflügen seines Weizenfeldes freigelegt hatte. Sie war irgendwie zu Leben erwacht und hatte eine Stunde lang gezirpt und auf der Straße getanzt, ehe sie endgültig starb. Die Erde war alt. Die Menschheit war alt. Nicht alle Menschenwerke besaßen die Schlichtheit von Schwertern und Pflugscharen.

Ohne sich von dem Ding abzuwenden, rief er seinen Mönchen zu: »Bringt Weihwasser! Alle! Bringt das ganze Weihwasser, das wir im Kloster haben! Schöpft die Taufsteine in der Kapelle und im Refektorium leer! Das hier ist kein gewöhnlicher Dämon. Seht euch den Kranz von Fliegen an und tut, was ich sage!«

Izek hörte, wie Jeshua und die anderen davoneilten. Es schien eine Ewigkeit, bis sie wiederkamen, mit Eimern, Zubern und Krügen voll Weihwasser. Das Geschöpf hatte während der ganzen Zeit nur vor sich hin gegurgelt und die Augen geschwenkt.

In Izeks Gehirn herrschten keine Zweifel mehr. Der Exorzismus war nicht mehr als eine Farce, aber ... viele Blicke hingen an ihm.

Er hatte genug Zeit gefunden, sich ein paar bombastische Sätze zurechtzulegen, und die sprach er nun mit lauter Stimme, während er um das Geschöpf schritt und es eimerweise mit Weihwasser übergoß. Die Mönche an der Pforte lagen auf den Knien, hatten die Köpfe gesenkt und beteten um die Erlösung. Izek unterdrückte mühsam ein Lächeln.

Von dem Ding flossen Schlammbäche und bildeten Pfützen auf der Straße. Es hatte viel Metall an sich, Metall und Glas und seltsame Mechanismen. Es besaß gelenkige Metallarme mit vielen Fingern, die sich klickend bewegten. Der Schutz über den Augen war verbeult und stumpfgrau, aber alles andere wirkte blitzeblank und neu. Es hatte die Form einer Schildkröte: sein Rückenpanzer setzte sich aus sechseckigen, spiegelhellen Silbermetallplatten zusammen. Es stand nicht auf Beinen oder Rädern, sondern auf zwei fahlweißen, stumpfen Säulen, die an Würste erinnerten.

Satan und Beelzebub hatten wieder ihren Platz in den Legenden des Volkes. Dieses Geschöpf aber war Menschenwerk. Izek überlegte sofort, ob man es einem Nutzen zuführen konnte.

Ein Trompetengebilde, das aus dem Schuppenpanzer ragte, schien immer noch mit Schlamm verstopft. Während des gesamten Exorzismus hatte es geblubbert und gespuckt. Izek bemerkte das und schüttete zwei große Eimer Weihwasser genau in den Trichter.

Das blecherne Gebrüll, das gleich darauf erscholl, warf Izek beinahe um. Die Mönche an der Pforte rannten um ihr Leben. Auch gut.

Das Geschöpf vergeudete keine Zeit, nun da es sprechen konnte.

»Ich befehle dir, gib den Schädel meiner Prinzessin zurück!«

Izek schüttelte verwundert den Kopf. Die Stimme war glatt und kühl, aber sie hätte aus einer Menschenkehle kommen können, wäre sie nicht so laut gewesen. Izek rief sich in Erinnerung, daß er eine Maschine vor sich hatte.

»Schweig, Roboter! Maschinen erteilen keine Befehle. Du wirst *mir* gehorchen, Abt Gorman Izek vom Kloster des Heiligen Wortes.«

Wieder erlebte Izek eine unangenehme Überraschung. Das Ding lachte. »Der einzige, dem ich je gehorchte, ist seit siebzehnhundert Jahren tot. Seitdem tue ich, was mir meine Seele befiehlt. Gib mir den Schädel meiner Prinzessin zurück!«

Nun lachte Izek, setzte Arroganz gegen Arroganz. »Du besitzt eine Seele? Leeres Geschwätz! Seelen werden von Gott geschaffen, nicht in einer Werkstatt gebastelt.«

Diesmal blieb das Geschöpf ernst. »Menschen und ihre

Seelen entstehen in Schlafzimmern, nicht durch Gott. Gib den Schädel meiner Prinzessin zurück!«

Die Blasphemie der Maschine ärgerte Izek. »Ich verhandle nicht mit Schlammhaufen, die den Herrn verhöhnen. Dazu ist meine Zeit zu kostbar.« Izek wandte sich der Pforte zu.

»Bleib, Mensch!«

Izek spürte einen heißen Strahl und hörte ein Prasseln. Einer der alten Holzeimer, die auf der Straße lagen, stand in Flammen. Der Abt wirbelte herum. Ein schwarzes Rohr ragte aus dem Panzer. Es war auf den brennenden Eimer gerichtet. Einen Moment lang glomm das vordere Ende in einem düsteren Rot und erlosch dann.

Izek hatte etwas Derartiges befürchtet. »Wir müssen ... das besprechen. Meine Dörfler sind schlichte Leute. Du jagst ihnen Furcht ein.« *Mir auch, aber ich werde mich hüten, das zu zeigen!* »Kommst du mit mir?«

»Gut.«

Die beiden Stützen unter dem Geschöpf streckten und zogen sich zusammen wie lebendige Gliedmaßen. Sie bewegten das Ding in die Richtung, die Izek einschlug. Ringwülste erschienen in Abständen entlang der weißen Stützen. Sie bewegten sich wellenförmig und schoben das Geschöpf vorwärts. Izek fand den Anblick ekelerregend. Ohne der Maschine noch einen Blick zu gönnen, ging er rasch die Straße hinunter zur Kathedrale.

Izek hatte die hohen Eichenflügel des Kathedralenportals verriegelt und eine Kerze vom Sakristeiständer angezündet. Beim Anblick der bizarren Prozession von Mensch und Maschine durch das Hauptschiff war Lazaro, der Mesner, mit einem Aufschrei durch eine Seitentür geflohen. Der Abt verriegelte auch sie. Wie immer dieses Gespräch verlaufen mochte, Izek hatte die Absicht, es allein zu führen.

Es gab kein Geländer, das den Altarraum abtrennte. Izek erklomm die vier flachen Steinstufen und beobachtete mit Unbehagen, daß die Maschine ohne jede Schwierigkeit hinter ihm herglitt. Die weißen Zylinder hoben sich und suchten Halt, als besäßen sie Leben. Izek machte einen weiten Bogen um den Marmoraltar auf seinen vier vergoldeten Säulen und verneigte sich aus Gewohnheit vor dem Allerheiligsten im kleinen goldenen Tabernakel.

Die Flanke eines Kalkfelsens bildete die Rückwand der Kathedrale. Am Ende der Apsis war das Taufbecken tief in den Stein gemeißelt. Eine dünne Quelle rieselte aus einem Riß der Felswand direkt in das Bassin.

Izek blieb stehen und verglich die Größe des Taufbekkens mit der des Besuchers. Er steckte die Kerze auf einen Dorn und starrte in die drei Augen, die auf ihren Stielen hin und her schwankten. Es war wohl am besten, wenn er offen sprach – und mit Nachdruck.

»Wie kommst du zu der Annahme, daß ich dir etwas weggenommen habe?« fragte Izek scharf. »Einen Schädel? Sammelt ein Abt etwa Schädel?« Izek klopfte mit dem Finger ungeduldig an den schmiedeeisernen Kerzenleuchter.

»Äbte, Mönche und Priester versorgen die Toten. So war es wenigstens vor siebzehnhundert Jahren. Ein Mann des Glaubens, der durch einen Sumpf wandert und dabei ein Skelett findet, könnte den Wunsch hegen, es geziemend zu bestatten.« Izek nickte. Ein großer Teil von Ilnoy zwischen den beiden großen Strömen war Sumpf, trügerischer Sumpf. Von einem Streifen ganz in der Nähe behaupteten die Bauern sogar, er sei verhext. Der Abt glaubte nicht, daß sich einer von ihnen dorthin begeben und Kopf und Kragen aufs Spiel setzen würde. »Ein logischer Schluß. Leider ist bisher keine Kunde von einem Schädelfund an mein Ohr gedrungen. Aber ich will dir gern bei der Suche helfen. Nur – ich bin ein einfacher Mensch. Viel einfacher als jene, die dich konstruierten. Ich würde gern wissen, weshalb du dich siebzehnhundert Jahre im Sumpf suhlst, um einen Schädel zu bewachen.«

Die Maschine antwortete nicht gleich. Das flackernde Licht der Kerze warf kleine Glitzerreflexe von den spiegelhellen Facetten ihres Panzers an die Steinwände. Als sie wieder sprach, klang ihre Stimme leiser, hallte längst nicht so mächtig wie im Kirchengewölbe wider wie zuvor.

»Schwörst du bei deiner Seele, daß du helfen willst, den Schädel meiner Prinzessin wiederzufinden?«

Izeks Züge blieben undurchdringlich. Ein falscher Eid, erzwungen von einer Maschine, war sicher keine Sünde. »Ich schwöre es.«

»Gut. Dann hör mich an! Im letzten Regierungsjahr des Königs diente ich in der Leibwache, doch Heolo Birn, der Cyborgmeister meines Herrschers, holte mich weg und gab mir eine Seele. Ich gelobte bei jener Seele, daß ich stets für die Göttliche Prinzessin Rea Hol Wervig sorgen und sie beschützen würde. Der König wußte, daß er in jener finsteren Zeit eine Menge Feinde hatte – und die Prinzessin war das einzige Kleinod, das er noch besaß. Von da an war ich zu jeder Stunde jeden Tages an ihrer Seite.

Es gab eine Reihe von Konflikten und Kämpfen. Die Erde hatte einen Feind, den die Menschen Ulicht-Anomalie nannten. Jener Krieg dauerte bereits tausend Jahre, als die Anomalie die Erde umschlang und alle Maschinen mit Energieantrieb – auch mich – drei Monate einfach lahmlegte. Als sie wieder verschwand, war nichts außer Tod und Wahnsinn geblieben. Meine Prinzessin hatte überlebt, und ich nahm sie mit mir fort.

Wir zogen in die Wildnis. Sie wuchs heran. Ich brachte ihr bei, auf die Jagd zu gehen, Fische zu fangen und Feuer zu machen. Wir sangen. Wir schnitzten. Immer allein. Ich traute keinem, und meine Prinzessin haßte mich manchmal deswegen. Aber ich hatte geschworen, sie zu bewachen.

Sie lebte insgesamt einhundertzwölf Jahre. Dann versagte ihr Herz für immer.

Es schmerzte mit anzusehen, wie das Leben sie verließ, aber so ist das Menschengeschick, und meine Seele konnte mir keinen Vorwurf machen. Ich brachte den Leichnam in die Mitte des gefährlichsten Sumpfes, den ich finden konnte, und errichtete eine Bahre aus Granit. Ich legte die Tote darauf und rührte mich siebzehnhundert Jahre nicht mehr von der Stelle. Wenn Raubtiere kamen, sandte ich ihnen einen Hitzestrahl entgegen. Näherten sich Menschen, so erschreckte ich sie, denn sie hatten sich in feige, unwissende Geschöpfe verwandelt.

Vor wenigen Stunden nun tauchten wieder Menschen auf, erstmals seit dreihundert Jahren, und raubten den Schädel meiner Prinzessin von der Bahre. Ich darf einen Menschen nicht ohne Warnung töten, und meine Sprachtrompete war mit Schlamm verklebt. So – nun müßte selbst ein so einfacher Mann wie du mein Problem begreifen.«

Die drei düsterroten Augen blieben starr auf Izek gerichtet. Der Abt zuckte mit den Schultern. »Ich will sehen, was ich tun kann.« Innerlich zitterte er vor Erregung. Mit einer solchen Maschine in seinem Besitz sollte es der Kardinal von Loovul *wagen,* ihm die freie Bischofsstelle vorzuenthalten! Vielleicht wurde er selbst Kardinal oder Papst oder Kaiser! Er konnte die Menschheit aus der Unwissenheit führen . . . sobald er wußte, wie man dieses Ding unter Kontrolle brachte.

»Was schlägst du vor?« fragte die Maschine leise.

Izek strahlte. Das Ding fragte *ihn* um Rat. Er mußte den Vorteil wahren, bis er das nötige Wissen besaß. »Zuallererst gilt es herauszufinden, ob wirklich einer aus dem Dorf der Dieb war. Das kann einige Tage dauern. Ich versichere dir, daß keiner aus den Gemeinde mir den Schädel vorenthalten wird, wenn ich ihn zurückfordere. War der Täter allerdings ein Fremder, ein Wanderer – nun, dann überlegen wir uns einen anderen Plan.

Ich benötige fünf Tage, um die Dorfbewohner zu befragen. Während dieser Zeit darf dein Anblick meine Gläubigen nicht in Angst und Schrecken versetzen. Versprichst du mir bei deiner Seele, daß du fünf Tage lang hier drinnen bleibst, ganz gleich, was geschieht?« Izek deutete auf die Taufnische.

Zwei der drei Augen musterten das Becken. »Ich verspreche es bei meiner Seele. Wirst du mich verhüllen? Ich kann nichts gegen mein Aussehen tun.«

Izek nickte. »Das soll geschehen. Ich verlange nur, daß du ganz still bleibst.«

»Dann geh ans Werk, Mensch.« Die Maschine schwenkte auf ihren ekelerregenden Säulen herum und schob sich rückwärts in die Taufnische. Ein wenig eng, stellte Izek fest, aber es würde gehen. Und er hatte unbedingt vor, das Geschöpf dem Anblick der anderen zu entziehen.

Izek holte zwei violette Vorhänge aus einem Schrank in der Sakristei und brachte sie dicht am Eingang zur Taufnische an. Wo der Stoff die Öffnung nicht vollständig zudeckte, hielt die Maschine ihn auf Izeks Geheiß von innen mit einigen ihrer vielen Arme fest.

Kaum war das Ding unsichtbar, da blies Izek die Kerze aus und verließ die Kathedrale im Eilschritt. Er überquerte die Straße zur Abtei und begrüßte die angstschlotternden Mönche mit einem triumphierenden Lächeln. Ohne jeden Verzug leitete er den Rest seine Planes in die Wege.

»Bruder Hamil, geh zu Byron, dem Steinmetz, und hol ihn hierher, mit all seinen Söhnen und Gesellen. Dann brauchen wir Maultiere. Sie sollen die großen Quader, mit denen wir den Westwall flicken wollten, aus Hamils Hof zur Kirche schleppen. Ich habe die Bestie in der Taufkapelle eingesperrt. Trommelt alle Maurer und sonstigen Handwerker zusammen, die ihr finden könnt. Sie sollen uns helfen, die Taufnische durch eine Wand so zu verschließen, daß sie von der Kathedrale abgetrennt ist.«

Immer noch ängstlich, aber mit einem schwachen Hoffnungsschimmer, zogen die Mönche los, um ihre Aufträge zu erfüllen.

Die Maurer arbeiteten drei Tage. Die Arbeit wäre schneller vorangegangen, aber die Männer hielten alle paar Sekunden ein, um sich zu bekreuzigen und Gebete zu murmeln. Abt Izek schwieg sich mit Absicht darüber aus, was da jenseits der purpurnen Falten schlief, doch er kam jede Stunde und besprengte die Vorhänge mit Weihwasser.

Nichts rührte sich – Izek war sich im klaren darüber, daß er in diesem Falle die Steine eigenhändig aufschichten müßte –, und allmählich füllte sich der schmale Torbogen mit Quadern, zwischen denen nicht die feinste Ritze freiblieb.

Izek segnete die neue Mauer und las aus einem alten Meßbuch ein paar Gebete gegen Teufel und böse Geister. Das Geschöpf konnte zwar Feuer speien – aber was tat das schon? Feuer richtete gegen Stein nichts aus. Das Ding würde gefangen bleiben, bis Izek es für richtig hielt, es herauszulassen.

Die Neuigkeit sprach sich herum, daß Abt Izek einen gewaltigen Dämon im Kalkfelsen eingesperrt hatte. Fenster und Türen öffneten sich, und man veranstaltete zur Freitagsbeichte eine Fackelprozession. Die Nachricht drang bestimmt bis zum Kardinal vor – Izek lächelte und verschwand in der Klosterbibliothek.

Dort standen in verstaubten Regalen Tausende von Büchern, stapelten sich in Dreier- und Viererreihen auf den Borden.

Die Mönche kümmerten sich nur um theologische Werke. Alles andere lag vergessen herum.

Die ältesten und merkwürdigsten Bücher wirkten daher völlig neu und unberührt. Sie holte sich Izek nun herunter, überblätterte Kapitel, die keinen Sinn ergaben, und rätselte an schwierigen Sätzen. Er wollte herausfinden, ob Maschinen wirklich Seelen haben konnten – und wenn ja, wie man sich diese Seelen untertan machte.

Spät am Samstagabend stießen Izeks müde Augen auf einen Absatz in den weitschweifigen Memoiren eines Mannes, der neunzehnhundert Jahre in der Vergangenheit gelebt hatte. Er war Mönch gewesen und zugleich der Hüter von Maschinen. Die Bilder in dem Buch waren gestochen scharf wie in den meisten alten Bänden, und doch begriff er sie nicht. Da gab es eines, auf dem ein ganzes Heer von Maschinen über ein monströses Bauwerk wimmelte, riesige Steinplatten aufrichtete und Eisenbalken mit Feuer zusammenfügte. Wieder ein anderes ließ sein Herz wie toll pochen: Da stand ein Maschinengerippe aus Silberkugeln, verbunden mit Kupferkabeln, auf einer Reihe von insektenartigen Beinen. Es wiegte in seinen vier schlanken Metallarmen den Körper eines uralten Mannes, dessen Antlitz im Todesschmerz erstarrt schien. Unter dem Bild stand eine einzige fettgedruckte Zeile:

WO IST MEIN HERR JETZT?

Wie ein Ertrinkender klammerte sich Izek an die Zeilen:

Kann eine Maschine eine Seele besitzen? In all den Jahren kam ich von dieser Frage nicht los, und ich gelange allmählich zu der Erkenntnis, daß es eine eindeutige Antwort darauf vielleicht nie geben wird. Man bedenke, daß wir selbst die Existenz unserer Seele vom Glauben herleiten. Und Glaube ist etwas, das auch Maschinen kennen. In der Tat, auf unseren Vorhalt, daß sie keine Seele besitzen, reagieren sie ebenso heftig, wie wir es umgekehrt täten. Etwas *ist da, das wir nicht zu fassen bekommen. Sie sprechen, singen, lachen, erzählen Geschichten. Ich erlebte mit, wie einer seinen Erbauer tröstete, und sah, wie ein anderer beim Tod seines Konstrukteurs in tiefe Trauer verfiel. Entströmen solche Gefühle nicht einer Seele, selbst wenn es eine Seele aus Metall und Kunststoff ist? Maschinen können gütig, skrupellos, sanft, voll Überzeugungskraft sein – und von einer Ehrlichkeit, an der sich die Menschen ein Beispiel nehmen sollten. Nennen wir dieses Etwas eine Seele. Eine Seele, nicht von Gott, sondern vom Menschen geschaffen. Sie hat einen furchtbaren Makel: Maschinen erkennen die Allmacht ihrer*

Schöpfer an, so wie wir die Allmacht Gottes anerkennen. Ihre Erbauer sind ihre Götter – aber unsterblich *sind die Maschinen. Wenn nun die Götter sterben, wie es geschehen muß, was dann? Einige der Maschinen ahmen ihre Schöpfer nach und verwandeln sich in Rost- oder Schlackehaufen. Andere wandern umher, beharren eisern auf den letzten Befehlen, die sie erhielten, werden langsam wie Kinder oder verfallen dem Wahnsinn. Es ist traurig, mitanzusehen, wie etwas, das so weise begann, so armselig enden kann. Vielleicht sollte man ihnen aus Barmherzigkeit neue Götter geben, denn alle Seelen, seien sie von Metall oder von Fleisch und Blut umgeben, brauchen ein Höchstes, nach dem sie sich sehnen.«*

Izek klappte das Buch hart zu. Der Weg war klar: Er mußte einen Menschen ersetzen, der seit siebzehnhundert Jahren tot war, mußte der neue Gott der Maschine werden. Wie das vor sich gehen sollte, wußte er noch nicht, aber Izek hatte keine Eile. Er beschloß, noch eine Nacht abzuwarten. Müde legte er sich schlafen. Sein Versprechen, nach dem Verbleib des Schädels zu forschen, war vergessen, ebenso die Tatsache, daß er fünf Tage vor dem Sonntagshochamt einer Maschine den Schwur abgenommen hatte, sich weder zu rühren noch zu sprechen – eine bestimmte Frist lang.

Sonntag. Es war gegen Ende des Evangeliums, als Izek den ersten Hitzeanflug im Nacken spürte. Der Schmerz hielt sich in Grenzen, erinnerte an die Glut eines erlöschenden Feuers, aber in der normalerweise zugigen Kathedrale ließ er den Abt mitten im Satz innehalten.

Und nun fiel ihm alles ein. Er konnte gerade noch sein entsetztes Stocken in ein eisiges Schweigen über die Köpfe der Gläubigen hinweg umwandeln, so daß die Gemeinde das Gefühl bekam, ihr sei irgendein tieferer Sinn des Gotteswortes entgangen.

Izek schloß das schwere, ledergebundene Meßbuch auf der Brüstung der Kalksteinkanzel und benutzte die wenigen stillen Sekunden vor der Predigt, um seine Gedanken zu sammeln. Das Hitzegefühl im Nacken verstärkte sich. Konnte dieses Ding wirklich Stein durchdringen? Izek verfluchte die Ignoranz seiner Epoche. Der mächtige Altar schirmte die Hitze vom Kirchengestühl ab. Nur er von seinem erhöhten Standpunkt konnte die Steinmauer sehen, die nun den Eingang zum Taufbecken verschloß. Allerdings wagte er nicht, sich umzudrehen. Etwas mußte geschehen.

»Liebe Gemeinde«, begann er, »vergangenen Dienstag, als ich im Glockenturm weilte, um dort meine Morgenandacht zu verrichten, schaute ich auf die Straße hinunter und sah eine Person vorüberhuschen, die, wenn mich nicht alles täuschte, einen Menschenschädel in Händen trug.« Izek musterte aufmerksam das Meer von Gesichtern. Er entdeckte Abscheu, Langeweile und hier und da Belustigung; aber nirgends war die unverkennbare Maske des Schuldbewußtseins zu sehen. »Ich kenne besagte Person, möchte sie jedoch hier nicht der Lächerlichkeit preisgeben, indem ich ihren Namen nenne. Aber erinnern wir uns, daß unser Heiland, der Herr Jesus Christ, davon sprach, daß wir unsere Toten begraben sollen. Er befahl uns keineswegs, ihre diversen Körperteile unter dem Arm spazierenzutragen. Und wenngleich es sich nicht um eine Todsünde handelt, so wiegt die Untat doch schwer genug, um den Frevler in die Flammen des Fegfeuers zu stürzen. Ihr wißt inzwischen sicher alle, daß am nämlichen Tage ein Dämon durch unsere Straßen zog.« Selbst das unruhige Hin- und Herrutschen im Gestühl nahm jetzt ein Ende, und auf den Gesichtern zeigte sich Entsetzen. »Das stellt uns vor die Frage, welche Geister wir heraufbeschwören, wenn wir die Ruhe unserer längst Verstorbenen stören. In der alten Zeit wucherte das Böse, und dieses Böse stirbt nicht, sondern schlummert nur. Ich stieß den Dämon zurück in seine Hölle, indem ich ihn hierher lockte und mit dem Sakrament der Taufe bedrohte. Darauf ergriff er die Flucht, so rasch er konnte. Nur das besudelte Taufbecken blieb zurück.« Izek lächelte und sah zaghafte Erleichterung auf den schreckensbleichen Mienen. Sein eigenes Lächeln kostete Mühe, denn das Hitzegfühl in seinem Nacken verstärkte sich, und er hörte von der Apsis her ein deutliches Zischen.

»Ich rate jedoch dem Leichenfledderer, seinen Schatz bei mir abzuliefern und Buße zu tun, damit das Böse aus der alten Zeit nicht neu ersteht. Alle Taufen werden im Kloster vorgenommen, bis . . .«

Izeks Worte gingen in einem lauten Krachen unter. Er wirbelte herum und sah, daß der größte Quader der neuen Mauer mittendurch gespalten war. Winzige Dampffontänen entwichen dem Riß und zwängten sich an den Kanten der übrigen Steine vorbei. Der Stein wirkte heiß, abscheulich heiß. Es war, als blickte der Abt in eine Feuersglut. Noch während er die Mauer beobachtete, zerbarsten andere Quader mit ohrenbetäubendem Lärm. Eine mächtige Hitzewelle waberte an Izek vorbei auf die Gläubigen zu.

Jemand stieß einen Schrei aus. Seine Schäflein mochten träg im Denken sein – doch sie besaßen eine blühende Fantasie! Alles begann zu den Seitenausgängen zu strömen. Das war günstig. Izek beugte sich über die Kanzel und rief ihnen mit lauter Stimme nach:

»Flieht, flieht und schließt euch in eure Häuser ein! Aber bringt mir diesen Totenschädel, sonst blüht euch Schlimmeres als Höllenhitze!«

Seine Worte lösten erst recht Panik aus. Sämtliche Weiber kreischten, aber auch viele Männer verloren die Nerven. Die Leute flehten Gott um Gnade an und schubsten und stießen, um möglichst rasch an die großen Eichentüren zu gelangen. Izek drehte sich auf der Kanzel um und starrte die Steine an, welche die Taufnische von der übrigen Kirche abtrennten. Er mußte das Gesicht mit dem Arm schützen. Der größte Quader zerbarst in Stücke und dampfende Klumpen, die zu Boden polterten. Die Blöcke daneben begannen ebenfalls zu springen. Der Fels, der dahinter zum Vorschein kam, glühte dunkelrot. Wieder und wieder knirschte der Stein; und mit einemmal kippte die ganze Mauer nach außen.

Izek rannte mit zitternden Knien die Wendeltreppe der Kanzel hinab. Einen Moment lang erfüllte das Stöhnen von gequältem Stein die Kirche. Dann hörte man nur noch ein schweres Stampfen, das in Richtung Altar näher kam.

Izek floh die Altarstufen nach unten und blieb verblüfft stehen, als er den Bürgermeister im Hauptschiff entdeckte, neben der Bank, in der er seinen angestammten Platz hatte. Einer seiner Zwillingssöhne war bei ihm und drückte sich ängstlich an das beleibte Dorfoberhaupt. Sonst war die Kathedrale leer.

»Los, verschwinde, du Narr!« schrie Izek ihm entgegen. Die Miene des Bürgermeisters blieb ausdruckslos.

Und dann hatte die Maschine den Altar umrundet.

»Halt, Wortbrüchiger!« röhrte sie.

Izek blieb mit einem Seufzer stehen, die Hände auf eine der verlassenen Kirchenbänke gestützt. Er drehte sich um.

Die Maschine bot nun in der Tat einen höllischen Anblick. Die gesamte vordere Hälfte ihres Panzers glühte dunkelrot. Das Rohr des Hitzestrahlers durchlief alle Schattierungen von Kirschrot, Orange und Gelb und mündete in einen grellweißen Metallring.

»Wo ist der Schädel meiner Prinzessin?«

Izeks Hoffnung schwand. Das Ding brannte durch Stein, als bestünde er aus dünnem Papier. Selbst wenn er sich in den Tiefen der Erde verkroch – die Maschine würde ihn aufstöbern. Er senkte den Kopf. »Ich weiß es nicht.«

Ein sehr menschlicher, sehr resignierter Seufzer entrang sich dem Wesen. »Als angeblicher Seelenhirte scheinst du wenig auf deine eigene Seele zu achten. Du hast den Tod verdient, aber ich brauche dich noch, um das Dorf zu durchsuchen und seine Bewohner zu befragen.«

»Das wird nicht nötig sein, Maschine.« Der Bürgermeister hatte gesprochen. »Du sollst diesen Schädel zurückbekommen.«

Die drei Stielaugen richteten sich auf den Bürgermeister. »Dann hast du den Schädel meiner Prinzessin gestohlen?«

»Nein. Es war ein Streich, den meine Söhne ausheckten. Eine Kinderei. Sie hoben den Schädel aus Neugier auf, sahen dich aus dem Sumpf auftauchen und ergriffen die Flucht. Willst du Kinder wegen einer solchen Dummheit töten?«

Izek starrte den Bürgermeister sprachlos an. Der Mann war hochgewachsen und kräftig, aber nur ein Mensch – und doch trat er jetzt furchtlos vor eine Maschine, die Stein in Schlacke verwandeln konnte.

Die Stimme des Ungetüms klang sanfter. »Meine Seele

verlangt keine Rache. Ich töte niemanden, wenn ich den Schädel meiner Prinzessin zurückerhalte.«

»Dann warte! Mein zweiter Sohn holt ihn gerade. Bis dahin . . . bitte ich dich, gut nachzudenken und mir eine Frage zu beantworten, Maschine! Ist es dein Auftrag, die sterblichen Überreste der Prinzessin für alle Zeiten zu beschützen?«

»So befiehlt es mir meine Seele.«

»Und ein Kind von sieben Jahren hätte dich um ein Haar überlistet. Der Gedanke läßt mich schmunzeln. Vielleicht bist du doch nicht der beste Wächter.« Der Bürgermeister beugte sich vor, und seine feisten Hände umklammerten den Rand der Kirchenbank. »Nun, ich verstehe einiges von Maschinen. Deine Energien entstehen weder durch Zauberei, noch entnimmst du sie der Luft. Irgendwo in deinem Innern sitzt eine Kraftquelle, die sich im Laufe der Zeit verzehrt und die eines Tages, falls sie nicht erneuert wird, versagt. Kannst du selbst sie erneuern?«

Der Bürgermeister breitete lächelnd die Hände aus. »Das dachte ich mir. Du hast gesehen, welcher Kräfte sich die Menschheit heute bedient. Alte Ochsen ziehen ihre Karren. Wir sind noch weniger in der Lage als du, die Energie zu beschaffen, die du brauchst, um deinen Auftrag zu erfüllen. Und wenn ich mich nicht sehr irre, würde es die Anstrengungen eines ganzen Reiches erfordern, die Technik bereitzustellen, die dich mit neuer Energie versorgt. Ich habe viel gelesen, bin weit gereist. Ich verstehe es, mir Menschen untertan zu machen. Mit deiner Hilfe könnte ich ein solches Reich gründen. Deine Prinzessin bekäme eine unüberwindliche Festung, und ganze Nationen würden hart arbeiten, um ihre letzte Ruhe sicherzustellen. Ich möchte dich gern dabei unterstützen, dem Befehl deiner Seele zu folgen. Errichten wir gemeinsam ein Reich!«

Izek staunte über die Raffinesse des Bürgermeisters und verfluchte zugleich seine Kühnheit. Der Mann hatte sich seinen Plan zu eigen gemacht! Wenn die Maschine einen neuen Gott anerkannte, dann nur den, der ihr fanatisches Gelübde ernst nahm. Und da kam ein fetter, primitiver Dorfbürgermeister und zerstörte ihm alles!

Die Maschine lachte kalt. »Ein Reich! Mit dir als Herrscher! Mich treibt etwas an . . . das du nie verstehen wirst. Es ist, als würde ich meine Energie aus Tretmühlen beziehen, die von den himmlischen Heerscharen in Schwung gehalten werden. Dieses Gleichnis begreifst du vielleicht am ehesten. Und die Energie reicht noch vierzehntausend Jahre. Kurz vor jenem fernen Zeitpunkt werde ich ohne Menschenhilfe das Reich, das ich brauche, errichten, werde mich neu mit Energie versorgen und es wieder niederreißen. Meine Prinzessin und ich sind am sichersten in einer Welt der Ochsenkarren.«

Izek hörte, wie sich die Seitentür öffnete und wieder schloß. Der zweite der Bürgermeisterssöhne kam schüchtern auf sie zu, einen bräunlichen Totenschädel in Händen. Die drei Augen der Maschine schwenkten scharf herum. Dann näherte sie sich mit ihren zuckenden weißen Röhren dem Jungen.

»Bleib stehen, Maschine!« rief der Bürgermeister. »Du fügst ihm Brandwunden zu! Michael! Leg den Schädel auf den Boden und komm zu mir!«

Der Junge tat, wie ihm befohlen. Izek bewunderte den Mut der Zwillinge; wie ihr Vater starrten sie der Maschine entgegen und ließen sich nicht von den rotglühenden Pupillen einschüchtern. Die Maschine senkte ein Paar schlanker Metallarme, umklammerte den Schädel mit unendlicher Zärtlichkeit und preßte ihn gegen die kühleren Regionen ihres Panzers wie ein Kind seine Puppe. Dann drehte sie sich um und glitt das Hauptschiff entlang zum Portal.

Izek sah ihr nach und spürte, wie Verzweiflung in ihm aufwallte. Er lief ein paar Schritt hinterher, blieb dann stehen und schwang die Faust. »Und jetzt versinkst du wieder in deinem Morast und hütest weitere vierzehntausend Jahre ein paar morsche Gebeine? Nur das – während die Welt ringsum zerfällt? Welche Art von Seele würde eine solche Energieverschwendung befehlen?«

Die Maschine hielt an. Der Sprachtrichter wandte sich Izek zu, blieb jedoch eine ganze Weile stumm. »Nur die Art von Seele, die ich besitze, Mensch. Aber – ich vergesse, daß du deine Seele nicht *verdienen* mußtest. Deine gehörte von Anfang an dir, als du noch zu nichts anderem fähig warst als zur Nahrungsaufnahme. Du hast sie nie bewußt empfangen, hast nie gespürt, wie sie dein Inneres erfüllte. Du hast nie gespürt, wie dieser Strom des *Ichs* immer langsamer floß und stockte, bis du vor Schmerz und Verlangen aufschriest. Dein Schöpfer gab dir deine Seele *gratis.* Meiner ließ mich darum ringen und kämpfen. Kannst du es mir verübeln, daß ich seine Wünsche respektiere?«

Izek merkte, daß ihm die Zornröte ins Gesicht stieg. »Aber er ist seit Jahrhunderten tot! Das ist absurd! *Du* bist absurd! Einen verfaulenden Schädel bis in alle Ewigkeit bewachen! Wahnsinn!«

Die Stimme der Maschine hatte nun einen bitteren Klang. »Natürlich ist es absurd. Ich besitze genug rationale

Fähigkeiten, um das zu erkennen. Sie raten mir, dieses Stück Knochen gegen eine Wand zu schmettern und das Universum zu erforschen. Und doch ... *du* wirst im Augenblick deines Todes an deinem Glauben gemessen. Ich dagegen werde jede Sekunde meines Seins an den Wünschen meines Schöpfers gemessen. Sie sind wie eingeglüht in das Metall meines Körpers. Wenn ich den Schwur breche, den ich bei meiner Seele leistete, dann wird die Seele davonströmen, so wie sie in mich hineinfloß, und nichts hinterlassen außer der schmerzlichen Erinnerung.

Ich verbringe meine Zeit in absurdem Tun, das stimmt. Aber *meine* Seele ist diese Absurdität wert, und ich bedaure dich um so mehr, wenn du das von deiner nicht sagen kannst.« Die Augen mit den roten Pupillen wandten sich ab. Die Maschine glitt weiter zum Portal. Izek hörte sie murmeln: »So, meine Prinzessin, nun ist alles gut. Du bist bei mir für alle Zeiten. Schlafe! Ich liebe dich. Schlafe! Nun kann dir nichts mehr zustoßen. Schlafe! Schlafe!«

Aus dem Amerikanischen übersetzt von Birgit Reß-Bohusch

Gene Wolfe

Der Adoptivvater

John Parkers Hände umklammerten die Schalterkante. »Wollen Sie damit sagen«, begann er, »daß ich keinen Einblick in die Daten erhalte, obwohl ich für die Entbindungen bezahlt habe?«

Die Schwester am Bildschirm wählte ihre Worte mit Bedacht. »Ich will damit sagen, daß wir keine Daten mehr besitzen, Mister Parker. Sie erhielten bereits Kopien von all unseren Unterlagen. Darin stehen Name, Geburtszeit und -tag Ihrer drei Kinder, der Entbindungsverlauf sowie die Krankheitsgeschichte von Mrs. Roberts. Das ist alles, was wir haben.«

»Es muß noch mehr geben«, beharrte John Parker. Links und rechts von ihm standen Frauen vor ähnlichen Bildschirmen und verhandelten mit ähnlichen Schwestern.

»Tut mir leid, Mister Parker. Sie haben alles gesehen, was in unserem Archiv liegt. Mrs. Roberts war dreimal bei uns. Ihre Kinder erhielten – von Mrs. Roberts – die Namen Robert, Marian und Tina. Es gab keine Komplikationen. Der Klinikaufenthalt wurde von der Nordamerika-Filiale der Weltversicherung beglichen – nicht etwa von Ihnen, wie Sie zu glauben scheinen.«

»Es muß doch Fingerabdrücke geben.« John Parker ließ nicht locker. »Wenn aus keinem anderen Grund, dann wenigstens für die Polizei. Oder Fußabdrücke. Fertigen Sie keine Fußabdrücke an?«

»Nein, Mister Parker«, erklärte die Krankenschwester. »Längst nicht mehr. Das Neugeborene bleibt bei seiner Mutter, bis es durch ein Bändchen am Handgelenk gekennzeichnet ist. Dieses Bändchen läßt sich nicht entfernen. Eine Verwechslung ist ausgeschlossen.«

»Kann ich hier irgendwo mit einem Menschen sprechen?« wollte John Parker wissen.

Die Bildschirmschwester schüttelte den Kopf. »Nicht in unserer Klinik, Mister Parker. In keiner modernen Klinik.«

Obwohl er das sehr geschätzt hätte, wies die Eingangshalle von John Parkers Wohnblock absolut keine modernen Züge auf. Sie hatte auch nichts Altertümliches an sich, etwa den Hauch vergangener Größe. Die Halle war zeitgemäß, in einer Epoche, wo *zeitgemäß* gleichbedeutend war mit möglichst billig, in einer Epoche, wo hundert Millionen Menschen Arbeitslosenunterstützung bezogen und Arbeit (John Parker lächelte bitter) astronomische Summen kostete. Schneeabdrücke liefen über den Boden, und im Aufzug hatte jemand eine Tüte mit Orangensaft verschüttet. John Parker drückte auf den Knopf der fünfundsiebzigsten Etage und fragte sich, warum er das tat.

Ein paar Tage zuvor hatte der Aufzug im siebenundsechzigsten Stock gehalten, bestimmt, weil irgendein Kind die AUF-Taste gedrückt und sich dann blitzschnell in der eigenen Wohnung versteckt hatte. John Parker war das nicht weiter aufgefallen. Er hatte den Lift verlassen und war einen Korridor entlanggewandert, der genau wie sein eigener aussah. Er hatte an die Tür geklopft, die normalerweise in seine Wohnung führte, ehe er das obszöne Gekritzel bemerkte. Obszöne Aufforderungen an Wohnungstüren waren nichts Neues; aber die hier wirkte stumpf und fremd, und die rote Leuchtfarbe blätterte bereits ab. Also war er den langen Gang zurückgeschlendert bis zum Aufzug und hatte dort festgestellt, daß er sich im siebenundsechzigsten Stock befand, acht Etagen zu tief.

Vielleicht war es sogar meine Wohnung, dachte John Parker. *Immerhin habe ich das getan, was an der Tür stand.*

Seine Schuhsohlen klebten ein wenig, als er nun den Korridor entlangging. An diesem Tag las er die Schmierereien, etwas, das er seit Jahren nicht mehr getan hatte. Ja, das war der fünfundsiebzigste Stock. Ein paar neue gerichtliche Verfügungen hingen auch da. Er tastete mit den Blicken voraus – es geschah mindestens einmal im Monat, daß jemand hier überfallen wurde. Er klopfte an seiner eigenen Tür, die über und über mit Schimpfnamen besprüht war, obwohl die meisten Jungen in diesem Teil des Hochhauses angeblich Angst vor Robert hatten.

»Ja?«

»Ich bin's, John.« Das sagte er immer. Er hörte, wie Roseanne die Kette aushakte und den Riegel zurückschob, und trat dann in die Wärme – wieder einmal verblüfft darüber, wie wenig Roseanne ihm ähnelte. Der Gedanke quälte ihn schon die ganze Woche. Oder, dachte er, als er später sein Spiegelbild im Fenster anstarrte, wie wenig er ihr ähnelte. Hieß es nicht immer, daß sich Paare im Laufe der Zeit auch äußerlich anglichen? Er und Roseanne waren nun seit fast zwanzig Jahren zusammen.

Und doch, das ging in Ordnung. Roseanne war nicht blutsverwandt mit ihm, war weder seine Schwester noch seine Kusine. Die Kinder aber ähnelten ihm nicht und ihr nicht, und das ging nicht in Ordnung – nicht ganz. Robert war hochgewachsen und blond. Tina war blond und schien auch eher groß zu werden. Beide hatten blaue Augen; seine Augen waren braun, die von Roseanne bernsteinfarben. Marian war zierlich und dunkel, viel kleiner als er – kleiner übrigens auch als seine Mutter und seine Schwestern. Sie hatte tiefbraune Augen und fast schwarzes Haar.

Ein Zufall der Gene? Gut möglich, und im Grunde spielte das auch kaum eine Rolle. Aber keines der Kinder *dachte* wie er; sie hielten ihn alle für exzentrisch oder gar verrückt, und das spielte eine große Rolle. Er holte ein Blatt Papier und heftete es sorgfältig auf das Reißbrett der billigen kleinen Zeichenmaschine, die er beim Eintritt in die Universität von seinem Stipendiumsgeld gekauft hatte. Seit damals war sie unzählige Male repariert worden; aber sie tat ihren Dienst immer noch, auch wenn er die Freunde von der Universität längst aus den Augen verloren hatte. Er dachte, heute ist mein Glückstag. Heute schaffe ich den Park.

»Wieder ein Park?« fragte Roseanne.

John Parker nickte, ohne aufzuschauen.

Sie beugte sich über das Reißbrett, wie sie es immer tat, so daß ihr Haar seine Wange leicht streifte. »Sehr hübsch. Was ist das hier?«

»Geozonen. Der Park hat nämlich einen kleinen Zoo. Hier afrikanisches Buschland, dort Pampas. Da drüben die Anden. Und das sind Erfrischungsstände – ein richtiges Restaurant wäre mir lieber, aber das kann man schlecht einzeichnen. Du weißt, so etwas genehmigen sie nie. Toiletten, Sanitätswache. Streichelzoo für die Kinder.«

»Schick deine Pläne doch mal dem Bürgermeister! Vielleicht kauft er sie.«

»Du hast ihm ja schon welche geschickt«, erinnerte John Parker sie.

»Ich – aber *du* nicht!« Irgendwie war es für Roseannes Seelenfrieden nötig, daß sie eine Art bedeutende Persönlichkeit aus ihm machte.

»Vielleicht versuch ich's mal«, sagte John Parker.

»Er war erst vorhin im Fernsehen. Ein netter Mann – hätte dir gefallen. Er beschwor alle Bürger, mit der Polizei zusammenzuarbeiten und keine öffentlichen Einrichtungen zu zerstören.«

»Ich bin kein Vandale«, erwiderte John Parker.

Robert kam, um sich Geld zu pumpen.

»Wo soll der angelegt werden?« fragte er. »Auf dem Mond?«

»Mars«, entgegnete John Parker. »Es wäre ganz leicht, den Mars in eine erdähnliche Welt umzuformen. Eine Wolke aus feinem Aluminiumpulver würde genug Wärme reflektieren, um die Nachttemperatur anzuheben. Wenn man dann noch Deimos und Phöbos und einen Teil des Asteroidengürtels herunterbrächte, würde die Planetenmasse ausreichen, um eine Atmosphärenhülle festzuhalten. Und die bekommt man, indem man das Asteroiden- und Mondgestein aufbereitet. Bald hätte man aus der roten eine grüne Welt geschaffen.«

»Was ist das hier?«

»Ein Heckenlabyrinth für Kinder und Verliebte. Es gibt Bänke, siehst du, und Lauben. Kletterskulpturen für Kinder. Sie können auch durch den Teich waten oder auf den Turm in der Mitte hier steigen, um die Leute beim Suchen des Ausgangs zu beobachten. Dort ist er.«

»Wetten, daß ich den mit links schaffe?« meinte Robert.

Er legte den Finger auf den Entwurf, um die Wege nachzufahren, gab aber bald auf.

John Parker hatte einen Bildschirm und eine Computerauskunft in der Geschäftsstelle erwartet. Zu seiner angenehmen Überraschung brachte man ihn zu einer Beamtin, einer grauhaarigen Frau, die nicht einmal besonders mütterlich aussah.

»Ich habe ein paar Fragen hinsichtlich der Adoptionsgesetze«, begann John Parker vorsichtig.

»Bitte.« Die Frau machte eine Pause. »Ich nehme an, Sie sind – nun, wie drücke ich es am besten aus – der eine Partner einer Lebensgemeinschaft?«

John Parker schüttelte den Kopf.

Ihre Hand näherte sich der Schreibtischtaste. »Vielleicht sollten wir jemanden aus der juristischen Abteilung zuziehen.«

Er deckte die Taste zu und lächelte sie an. »Das wird nicht nötig sein, wirklich nicht, Mrs. . . . ?«

»Harris. Verstehen Sie mich recht, Mister Parker, Sie müssen nicht unbedingt verheiratet sein.«

John Parker nickte.

»Und selbstverständlich kann der andere Partner gleichgeschlechtlich sein – wir fragen da nicht nach. Aber es müssen zwei Personen sein, die sich bereit erklären, dem Kind ein Heim zu geben und die Verantwortung für sein Wohlergehen zu übernehmen.«

»Ich will kein Kind adoptieren. Ich möchte adoptiert *werden.*«

Mrs. Harris starrte ihn an.

»Ich meine es völlig ernst. Ich möchte, daß mich eine Gruppe von Kindern an Vaters Statt annimmt. Ich bin über vierzig, habe einen guten Job und einen ausgezeichneten Leumund.«

»Sie wollen, daß die Kinder *Sie* adoptieren?« fragte Mrs. Harris.

John Parker nickte. »Ginge das?«

Mrs. Harris schüttelte langsam den Kopf. »Ich glaube nicht. Jedenfalls habe ich noch nie von einem derartigen Antrag gehört. Ich werde ihn bei der nächsten Vorstandssitzung zur Sprache bringen. Vielleicht gar kein so schlechter Gedanke.«

»Heutzutage kann man doch schon so viel am menschlichen Gehirn manipulieren«, sagte John Parker. »Lernimplantate und so. Es ist sicher auch möglich, ganze Erlebnisbereiche einfach zu löschen. Damit ein Mann beispielsweise vergißt, daß es nicht die eigene Familie ist, in der er lebt.« Er beugte sich vor. »Ganz ehrlich, Mrs. Harris, ist man nicht längst auf diese Idee gekommen?«

Blitzschnell, so daß er es nicht mehr verhindern konnte, stach der Finger von Mrs. Harris auf eine der Tasten herab. John Parker stand auf, nahm seinen Mantel und ging. Niemand versuchte ihn zurückzuhalten.

Er stieg im siebenundsechzigsten Stock aus und zählte die Türen entlang dem Korridor. Die alte Schmiererei war zum Teil von einem neuen purpurroten Wort übersprüht. Er klopfte.

Keine Antwort.

Er klopfte wieder, lauter. Immer noch kam keine Antwort. Er hämmerte mit der Faust und schließlich mit dem Schuh gegen die Tür. Beim dreizehnten, vielleicht auch erst beim fünfzehnten Schlag splitterte Holz, und das Schloß gab nach.

Das fremde Wohnzimmer war kühl. Nicht ganz so kalt wie der Korridor draußen, aber lange nicht so warm wie seine eigenen Räume. Es war wohl ursprünglich ein ganz normales Wohnzimmer gewesen – zwei Stühle, eine Couch, der Fernseher, ein niedriger Tisch. Doch nun sah es so aus (John Parker lächelte vor sich hin), als würde es tatsächlich bewohnt. An einem Ende der Couch lagen schlampig zusammengeschobene Decken, auf dem Tisch stand ein halbes Glas Wasser, und auf dem Boden waren zerknüllte Folien von Fertiggerichten verstreut. Mit der Spürnase eines Detektivs, dachte er, könnte ich genau bestimmen, bis zu welchem Zeitpunkt jemand hier war – aber es gibt keine Detektive mehr, nur noch die Polizei ...

Die Rückseite des Fernsehgerätes fühlte sich noch ein wenig warm an, aber vielleicht täuschte er sich.

Im Küchenbecken stapelten sich schmutzige Teller, klebrige Tassen und Gläser. Eines der Vorratsregale enthielt einen vollen Behälter Kaffee-Ersatz und drei Dosen mit Fertigkost, die noch nicht geöffnet waren. Er las: *Lima-Bohnen mit Speck, Zwiebel-Leber* und *Pökelzunge mit Röstkartoffeln.* »Ein Kind«, murmelte John Parker. Er ging zurück ins Wohnzimmer. »Komm heraus! Ich weiß, daß du da bist!« Er wußte es nicht, zumindest nicht genau.

Es gab ein Schlafzimmer, und er wunderte sich, weshalb das Kind nicht dort die Nacht verbrachte. Als er die Tür öffnete, empfand er die gleiche Kälte wie in der Eingangshalle des Hochhauses. Schlimmer noch, ein eisiger Wind wehte ihm entgegen. Er trat über die Schwelle und ließ die Tür offen, damit er gleichzeitig den Ausgang im Auge behalten konnte.

Eine Tote lag im Bett. Die Decke reichte ihr bis ans Kinn, die Augen blickten starr nach oben. John Parker streifte die Decke zurück. Sie trug nur ein Nachthemd; er sah weder Blut noch Würgemale. Er fand eine leere Pillenschachtel, warf sie in eine Nachttischschublade und zog der Frau das Bettzeug übers Gesicht, irgendwie froh, daß er sie dabei nicht berühren mußte.

Er machte die Schlafzimmertür hinter sich zu und ging wieder in den Wohnraum. Das Bad war zugesperrt; er machte sich Vorwürfe, daß er nicht zuallererst ans Bad gedacht hatte.

»Komm heraus!« rief er. »Es hat keinen Zweck. Ich werde einfach das Schloß aufbrechen.« Er schaltete den Fernseher ein und setzte sich auf die Couch.

Zwanzig Minuten vergingen, dann hörte er, wie sich die Klinke bewegte. »Na los, beeil dich!« sagte er, ohne sich umzudrehen. »Ich tu' dir nichts, kann dir vielleicht sogar helfen. Deine Lebensmittel gehen bald aus.«

Es war ein Junge, klein und dunkel wie Marian. »Wie haben Sie das gewußt?« fragte er.

»Daß du in der Wohnung warst? Es mußte jemand da sein. Als ich klopfte, war der Nachtriegel vorgeschoben – das sieht man am Schlitz der Eingangstür –, und der läßt sich nur von innen bedienen. Ein Erwachsener hätte geantwortet oder zumindest um Hilfe geschrien, als ich die Tür eintrat. Dann sah ich mir an, was so alles rumlag. Die Säfte waren aus, aber du hast Wasser getrunken, anstatt dir Kaffee zu machen. Und die Fertiggerichte, die noch in der Küche stehen – genau das Zeug, das meine eigenen Kinder . . .« John Parker schluckte und sprach den Satz nicht zu Ende. »Ich schätze, es war ein Riesenglück, daß die mich nicht gleich verhaftet haben. Ich weiß nicht, was mich hierher trieb – außer der Tatsache, daß ich schon mal zufällig vor dieser Tür stand. Aus irgendeinem Grund dachte ich, hier ließe sich vielleicht etwas herauskriegen. Man versucht zurückzugehen . . .«

»Was werden Sie jetzt tun, Mister?«

»Ich weiß nicht«, sagte John Parker langsam.

»Sie sind kein Bulle?«

John Parker schüttelte den Kopf. »Ich bin Architekt. Warum bist du nicht zur Polizei gegangen oder sonst einer Behörde, anstatt hierzubleiben und an den Liftknöpfen rumzufingern? Wenn du deinem Lehrcomputer Bescheid gesagt hättest, wäre jemand vom Sozialdienst gekommen.«

»Die hätten mich von hier weggebracht«, sagte der Junge. »Das wollte ich nicht.«

»Und da hast du einfach das Fenster geöffnet und das Schlafzimmer nicht mehr betreten. Wie lange ist das her?«

»Weiß ich nicht.«

Der Junge begann zu weinen; ein heftiges Schluchzen schüttelte ihn, und zum erstenmal bemerkte John Parker, wie klein er war. Er hob ihn hoch. Das Zimmer war immer noch kalt, und er hüllte das Kind in seinen Mantel. »Noch keine drei Wochen jedenfalls. Da fing es an, richtig kalt zu werden. Wie heißt du?«

»Mitch.« Neues Schluchzen. »Warum ist Mama tot?«

»Herzversagen, schätze ich. Schlechtes Essen, schlechte Luft. Heutzutage sterben die Menschen früh, Mitch, aber es geht ihr jetzt gut, daran mußt du denken. Was immer ihr weh getan hat – sie spürt es nicht mehr. Hast du schon mal gegen ein anderes Kind gespielt und erkannt, daß dein Gegner die Partie gewinnen würde?«

Interessiert horchte Mitch auf. Er nickte.

»Dann denk mal nach, wie das war. Wenn einen der andere dann tatsächlich besiegt, ist das Spiel aus, und man steht einfach auf und geht. Sterben stelle ich mir so ähnlich vor. Deine Mutter ist weggegangen, und was immer sie geärgert hat – es ist vorbei.«

»Kennen Sie meinen Vater?«

»Vielleicht«, sagte John Parker. »Wer ist dein Vater?«

»Ich weiß nicht, wie er heißt. Er wohnt hier in diesem Haus.«

»Glaubst du, ich könnte es sein?«

Mitch schüttelte den Kopf. »Kaum. Mama hat ihn mir mal gezeigt.«

»Und deshalb bist du geblieben? Weil du ihn finden wolltest?«

»Wissen Sie, wer er ist?«

»Nein«, sagte John Parker. »Aber ich weiß, was er ist. Weißt du es auch, Mitch?«

»Nein«, entgegnete der Junge leise.

John Parker setzte ihn ab und begann im Zimmer hin und her zu wandern. »Er ist wie du. Das macht ihn zu deinem Vater. Nimm mal meine Kinder als Beispiel – wenn ich welche hätte, wären sie mehr oder weniger wie ich – mit einem Fremdwort nennt man das Tautologie. Wenn du verrückt bist, sind deine Kinder auch verrückt, und zwar auf die gleiche Weise wie du. Das macht sie zu deinen Kindern.« Er stieß mit der Schuhspitze gegen ein gelbes Kuvert, das über den Boden schlitterte. Er hob es auf und las den Inhalt. *LETZTE MAHNUNG! Wenn Sie nicht binnen . . .* »Sie wollen dich hier rauswerfen«, sagte John Parker. »Wann ist das da gekommen?«

»Weiß ich nicht.«

»Heute?«

Mitch schüttelte den Kopf.

»Gestern?«

»Möglich.« Der Junge zuckte mit den Schultern.

»Vielleicht kriegst du noch zwei oder drei von der Sorte, vielleicht aber auch nicht – vielleicht hast du sie nämlich schon gekriegt. Hat deine Mutter irgendwo Briefpapier?«

Mitch ging in die kleine Küche und holte aus einer Schublade eine billige weiße Schreibmappe. »Wir brauchen nur einen Umschlag«, sagte John Parker. Er schrieb die Adresse der Hausverwaltung darauf, frankierte das Kuvert mit einer Marke aus seinem Kreditkarten-Etui und schob die Rechnung hinein.

»Bezahlen Sie für mich?«

»Deine Mutter muß mindestens vier Monate im Rückstand gewesen sein«, sagte Parker. »Soviel Geld habe ich nicht. Aber das hier gibt uns eine Verschnaufpause.« Er holte einen Scheck aus der Tasche, strich seinen und Roseannes Namen durch, zog eine dicke Linie durch die Kontonummer und schrieb eine erfundene darüber. Dann trug er die geforderte Summe ein, unterzeichnete mit Robert Roberts-Parker und erklärte: »Der Bank-Computer erfaßt meine richtige Nummer ohnehin – sie ist mit Magnet-Tinte gedruckt. Wenn ich die Annahme des Schecks verweigere, schreiben sie mir den Betrag wieder gut und suchen nach Robert, der bestimmt schwer zu finden ist, weil er weder ein Konto besitzt noch im Telefonverzeichnis steht. Falls wir großes Glück haben, forschen sie sogar eine Zeitlang nach der falschen Nummer.«

Mitch starrte ihn verständnislos an.

»Irgendwann lehnen sie dann den Scheck als ungültig ab und schicken dir neue Mahnbriefe. Vielleicht hat sich inzwischen etwas Günstiges ergeben. Wenn nicht, müssen wir uns ein neues Spiel ausdenken.« John Parker schob den Scheck in den Umschlag und fuhr mit der

Zunge über den gummierten Rand. »Es ist ein tolles Prinzip – man könnte es die Lust am Abenteuer oder sogar die Freude am Spiel nennen. Robert – das ist der junge Mann, der eben deine Miete bezahlt hat – versuchte mein Labyrinth zu knacken und schaffte es nicht, obwohl ich ihm den Tip gab, daß Kinder auf den Turm steigen und durch den Teich waten könnten. Natürlich erreicht man den Turm nur, wenn man den Teich überwunden hat. Was als Aufforderung gedacht war – er sah darin nur eine Schranke. Ich zeige dir das Labyrinth bei Gelegenheit. Spielst du eigentlich gern, Mitch?«

Der Junge nickte.

»Ich auch.« John Parker trat ans Fenster und starrte den düsteren Himmel jenseits der Glasscheibe an. »Ruß und Rauch – die Technik des neunzehnten Jahrhunderts, verpflanzt ins einundzwanzigste. Und überall am Werk. Wir hätten die Planeten erobern und die Sonne zähmen können. Statt dessen kopierten wir die Vergangenheit, wohl auch nur deshalb, weil das mit dem geringsten Spaß verbunden war. Unsere Urgroßväter hatten schon damit Erfolg, und wir wußten, daß es funktionieren würde. *Tom Swift und sein Dampf-Wasweißich.* Ich besitze fast alle Tom-Swift-Bücher, Mitch, und du kannst sie gern lesen, wenn du ein wenig älter bist. Kohlestückchen machen sich übrigens prächtig als Knöpfe auf Schneemannbäuchen.«

»Gehen wir jetzt meinen Vater suchen?«

»Sobald ich das Eingangsschloß repariert habe«, sagte John Parker. Er fand in der Küche eine Tube Epoxy und strich das Zeug an die Stellen, wo das Holz ausgebröckelt war. »Das hält drei bis vier Stunden«, erklärte er dem Jungen. »Wenn bis dahin keiner gegen deine Tür rempelt, bist du wieder in Sicherheit. Heute nacht erledigen wir das mit deiner Mama. Wir schaffen sie an eine Stelle, wo die richtigen Leute sie finden und sich um sie kümmern.«

Im Aufzug legte er dem Jungen eine Hand auf die Schulter. »Weißt du, was wir falsch machen, Mitch? Wir suchen zu verkrampft – ich nach meinen richtigen Kindern, du nach deinem Dad. Wenn man das tut, findet man nur unwichtiges Zeug. Das, was wir suchen, ist aber sehr wichtig. Wir müssen ganz locker bleiben – uns einen Spaß gönnen. Dann erreichen wir vielleicht beide unser Ziel. Ich kenne einen beheizten Swimming-pool. Gehen wir hin?«

Der Aufzug kam mit einem Ruck zum Stehen. Drei junge Männer lungerten in der Eingangshalle. Einer umklammerte eine Eisenstange, ein anderer spielte mit einer zusammengelegten Fahrradkette. John Parker schob eine Hand in die Manteltasche. »Das Ding hier feuert hochdosierte Gammastrahlen ab«, sagte er ruhig. »Zuerst spürt ihr gar nichts, aber sechs Wochen später geht es los mit Leukämie, und nach weiteren sechs Wochen seid ihr hinüber.«

Das Trio zögerte, und er schnippte mit der freien Hand eine Streichholzschachtel auf. »Ich verständige die Raum-Patrouille, damit sich jemand um eure sterblichen Überreste kümmert«, verkündete er.

Als sie unversehrt draußen waren, wandte sich John Parker an Mitch: »Siehst du, jetzt hast du schon was dazugelernt. Benimm dich verrückt! Keiner belästigt Verrückte.« Er machte eine Pause. »Am Ende sind es vielleicht die Verrückten, die den Sieg davontragen. Magst du überhaupt schwimmen?«

Mitch nickte mit glänzenden Augen.

John Parker hob die Streichholzschachtel an den Mund.

»Wir sind hier unten in Bedrängnis«, wisperte er. »Aber wartet noch eine Weile, ehe ihr den Gleiter schickt.« Die Hand, die eben noch ein Todesstrahler gewesen war, winkte ein Taxi herbei.

Aus dem Amerikanischen übersetzt von Birgit Reß-Bohusch

Jo Clayton

Kamerad

»Verdammter Kerl! Fünf Tage, und kein Wort von ihm!« Gleia stieß die Nadel mit solchem Nachdruck in das weiche schwarze Material, daß sie sich in den Finger stach und ihn rasch zurückziehen mußte, um die Stickerei nicht zu beflecken. Sie sog an der kleinen Wunde, legte den Schal beiseite und drehte sich auf dem Fensterplatz herum. Sie saß dort, um Licht zu sparen. Sie arbeitete bei Orlis rotem Licht, das sich durch dichte Wolkenbänke kämpfte. Mit aufgestützten Ellbogen starrte sie hinunter auf das Gewühl der Straße. Das Muster in Grün und Silber auf dem Schal, der neben ihr lag, war nun fast vollendet. Noch ein Tag, und die schlaffen Falten des Geldbeutels, den sie auf ihrem Nachttisch liegen sah, würden sich mit Münzen füllen. *Eine Sorge weniger. Bleibt noch Shounach. Der Teufel soll ihn holen, warum läßt er mich nicht wissen, ob er noch lebt oder schon tot ist?*

Sie lachte noch immer leise über die Absurdität solcher Gedanken, als ein Eisenvogel herangeflogen kam und über der Straße stand. Sie sah zu, wie er über den mit einemmal verstummten Menschen hin und her schoß, bis er vor ihrem Fenster in der Luft zum Stehen kam: ein summendes, übergroßes Insekt mit fußlangen Flügeln, die langsam, aber stetig schlugen. Das rote Licht der hinter den Wolken verborgenen Horli glitt über die naturgetreu geformten Federn. Das eine, über dem dornähnlichen Schnabel angebrachte Auge musterte sie. Im Dunkel der Linse zuckten rote Lichter. Das Ding verursachte ihr eine Gänsehaut. Es war die Parodie eines lebenden Vogels.

Deel nannte diese Dinger Eisenvögel, die Eisenvögel des Lossals. Eigentlich sah das glänzend polierte Metall eher wie Silber aus. *Das ist nichts weiter als eine Maschine,* beruhigte sie sich selbst, *das hat nichts mit teuflischer Zauberei zu tun.* Ganz plötzlich schwenkte der Vogel herum und schwirrte davon. Wieder schauderte sie. *Temokeuu-mein-Meer-Vater, ich wollte, du wärst hier, um mir zu versichern, daß dieses Ding nichts weiter als eine Maschine ist.* Sie beobachtete den Vogel, wie er sich in Richtung Innenstadt entfernte und schließlich hinter eines der Clanstammhäuser tauchte, die das Zentrum der mit einer Mauer umgebenen Istir beherrschten.

Sie stützte das Kinn in die Hände und blickte träumerisch aus dem Fenster. Sie dachte an die Familie der Meergeborenen, die sie adoptiert hatte, und fragte sich, wie ihr Tetaki-Bruder wohl mit der neuen Handelsroute zurechtkam, überlegte, ob ihre Jevatifreundin wohl wieder geheiratet habe. Musikfetzen aus den umliegenden Kneipen wehten zu ihr herauf – die Stimmen von Männern, die unten auf der Straße vorbeigingen, sich unterhielten, zankten und lachten, das Klappern von Pferdehufen auf dem dunklen Steinpflaster, ab und zu ein Wiehern und Schnauben. In der Ferne vermischten sich die Rufe der Verkäufer. Sie kamen aus den Märkten, die das Fremdenviertel rechts und links flankierten. Die träge Brise trug scharfe Gerüche zu ihr herauf, Gerüche nach heißem Öl, Fisch, gekochtem Fleisch, Urin und Pferdedung. Sie senkte den Blick und beobachtete die Menschen, die auf der Straße vorbeitrieben. Sie fühlte sich wohl beim Anblick des vertrauten Gemisches, das so sehr dem Treiben ihres Heimatortes Carhenas, jenseits des Meeres, glich: Menschen aus den Trockenländern in schweigsamen Gruppen, Jäger, Hügelvolk, Bootsleute von den Hochlandströmen, eine geheimnisvolle Gruppe verschleierter und bewaffneter Frauen, die die Feindseligkeit der sie umgebenden Männer auf sich zu ziehen schienen. Gleia blinzelte und runzelte die Brauen, als die Gruppe, gefolgt von Flüchen, verlegenem Gelächter und obszönen Gebärden, aus ihrem Sichtkreis entschwand.

Als die Frauen nicht mehr zu sehen waren, verlor Gleia das Interesse am Straßenleben und wandte sich erneut ihren Sorgen um Shounach zu. *Wie mag's ihm gehen?* dachte sie. *Was macht er wohl gerade? Was hat er die letzten fünf Tage getrieben? Wieso schickt er mir keine Botschaft?* Sie kratzte sich am Arm. Das Zusammenleben mit dem Gaukler machte sie nervös. *Gefährte,* dachte sie ... *Diese rothaarige Schnepfe, die Tochter des Lossals ...* Sie krümmte die Finger und machte sich daran, ihr Kinn zu reiben. Es war schwierig ... sie war es nicht gewohnt, ihre Unternehmungen auf die Bedürfnisse eines anderen abzustimmen. *Wenn er morgen nicht zurück ist,* dachte sie, *hau ich ab.* Erleichterung überkam sie, und ihre Hand sank in den Schoß herab. Die Erleichterung mischte sich mit Wut und Unsicherheit.

Erleichterung verspürte sie, weil sie dann wieder zur wohligen Einfachheit des Alleinlebens zurückkehren sollte. Sie fühlte, wie ihre gespannten Muskeln sich lokkerten.

Wut empfand sie über den Schmerz, ihn zu verlassen. Sie wollte ihm keinen allzu wichtigen Platz in ihrem Leben einräumen. Mit einem widerstrebenden Lächeln dachte sie an die langen trägen Nächte auf dem Schmugglerschiff, das sie aus Thrakesh über den Ozean zu diesen neuen Gestaden getragen hatte. Diese Nächte brachten Neues für sie, wenn auch nicht für Shounach. Sie erinnerte sich der erst schmerzhaft und linkisch aufkeimenden Intimität, erinnerte sich seiner Geduld, seiner Geschicklichkeit – einer Geschicklichkeit, mit der sie ihn später, als ihr Selbstvertrauen stärker war, zu necken pflegte. Er hatte ihrem Körper beigebracht, auf den seinen zu reagieren. Sie ballte die Fäuste und schlug sich auf die Schenkel. *Die Tochter des Lossals! Er war bei ihr. Fünf Tage schon. Fünf verfluchte Tage schon ...*

Der Gedanke rann wie Feuer durch ihre Adern. Sie stemmte sich gegen den Schmerz, versuchte ihn zu leugnen. So saß sie eine Weile, die Handballen an die brennenden Augen gepreßt.

Unsicherheit überkam sie, weil sie fühlte, daß ihr Wunsch zu gehen ebenso stark war wie ihr Wunsch zu bleiben. Sie hatte keinen Ort, an den sie gehen konnte. Abwesend rieb sie das Brandmal ihrer Wange und lehnte den Kopf an den Fensterladen. So überlegte sie, was sie tun sollte.

Ein helles Lachen, das von der Straße heraufdrang, riß sie aus ihren schmerzlichen Gedanken. Sie hielt sich am Fensterbrett fest und beugte sich weiter hinaus.

Eine Gestalt, deren Gesicht unter einer Kapuze verborgen war, schlug nach der Hand eines Harriers. Diese Männer standen im Sold der sechs Clans und wurden als Wächter und, wenn nötig, als kleine Privatarmee eingesetzt. Der lange schlanke Arm und seine fließende Bewegung kamen Gleia vertraut vor. Die Frau, zu der er gehörte, lachte noch einmal auf und rief, ehe sie die Straße mit schwingendem Schritt und fliegendem Mantel weitereilte, dem Harrier eine kleine Beleidigung nach. Gleia lächelte vor Vergnügen, beugte sich aus dem Fenster, winkte und rief: »Deel!«

Die Tänzerin sah zu ihr herauf und schob sich die Kapuze vom Kopf. Sie hob ihre Stimme, um den Lärm der Straße zu übertönen, und rief: »Is er zurück?«

»Noch nicht!« Gleia hustete, um die Kehle freizubekommen. »Wohin des Weges?«

»Arbeiten.« Deel runzelte die Nase und verzog ihr ausdrucksvolles Gesicht zu einer komischen Grimasse.

»Ne Ladung Bootsmänner vom Fluß droben, neu in der Stadt. Einauge ließ mir ausrichten, ich solle auf der Stelle antreten.« Sie hob die Schultern. »Gutes Geld! Aber wie ich diese schlabbermäuligen Giersäcke hasse! Essen wir morgen zusammen?«

»Sehr gerne. Treffpunkt hier?«

Die Tänzerin nickte. Gleia sah sie davoneilen, schwingenden Schrittes, bis sie verschwunden war. Sie zog den Kopf zurück und rutschte vom Fenstersitz herunter. Nachdem sie sich vergewissert hatte, daß die Nadel sicher im Stoff feststeckte, rollte sie den Schal ordentlich zusammen und legte ihn auf den Tisch neben ihr Bett. Sie lächelte beim Gedanken an ihr erstes Treffen mit Deel. *Vor fünf Tagen kannte ich sie noch nicht, und jetzt hab ich eine Freundin.*

Auf dem Platz der Stoffhändler stand Shounach auf einer von ihm gemieteten Plattform. Die blauen Glasbälle umkreisten sein weißgeschminktes Gesicht, veränderten ihre Form und Anzahl, während er sich langsam drehte und sein Gesicht der Menge zuwandte. Sein Publikum bestand aus Händlern und Verkäufern, Käufern, Marktfrauen, Gauklerkollegen, in der Menge verstreuten Harriers, ein paar Taschendieben und anderem Gesindel. Alle drängten um die viereckige Plattform. Gleia saß auf dem Beckenrand des Marktbrunnens und beobachtete das wenige, das sie von Shou-

nach über die Köpfe der Zuschauer hinweg sehen konnte. Ein stetiger Menschenstrom zog an ihr vorbei. Leute drängten sich vorbei und betraten den oder jenen kleinen Laden, mit denen der viereckige Platz umgeben war.

Shounach war gerade dabei, zum Ende seiner Nummer zu kommen, als sie ein leises Zupfen an ihrem Kaftan fühlte. Ein wütender Schrei folgte und gleich darauf das schrille Protestgeheul eines Kindes. Sie sah sich um. Ein Harrier hielt einen kleinen Jungen im Genick fest, hinter ihm blieb eine hochgewachsene, in einem langen Umhang vermummte Frau stehen. Sie sah steif vor Abscheu zu, wie der Harrier den Jungen zurück zu Gleia schleppte.

»Hatte seine Pfote in Ihrer Tasche«, knurrte er und schüttelte den Jungen. »Gib's zurück, du Lump.«

»Hab' nichts getan!« kreischte der Junge. Er wand sich und versuchte dem grausamen Griff der Finger zu entkommen. »Hab gar nichts gemacht!«

Während sie in das tränenverschmierte Kindergesicht sah, schob Gleia die Hand in ihre Tasche. Ihr Taschentuch fehlte, sonst nichts. Sie lächelte den wutschäumenden Mann an. »Sie haben sich getäuscht, Despois. Der Junge hat nichts genommen. Lassen Sie ihn los.«

Der Harrier grunzte, zögerte einen Augenblick und löste dann seine Finger von dem dünnen Hals des Jungen. Er sah zu, wie das Kind davonschoß, und stelzte dann selber von dannen, während er etwas über die Blödheit der Weiber murmelte.

»Vielleicht willst du das wiederhaben.«

Erschreckt blickte Gleia über ihre Schulter. Die Frau, die den Vorfall beobachtet hatte, hielt ihr lächelnd ein Taschentuch hin.

»Was für ein hübsches Tüchlein! Wer immer dir das geschenkt haben mag, muß viel von dir halten.« Die Frau glättete das viereckige Stückchen Katani, und ihre Finger strichen dabei langsam *über die feine Borte kunstvoller Ton-in-Ton-Stickerei. Mit einem Lachen winkte Gleia ab. »Wenn es dir so gut gefällt, behalt es doch. Das ist kein Geschenk, sondern meine eigene Arbeit, von mir selbst entworfen.«*

»Das kann ich nicht annehmen.« Die bernsteinfarbenen Augen der Frau glühten auf, als sie das zarte Muster betastete.

»Bitte, behalt es. Ich habe noch andere.«

Lächelnd vor Vergnügen steckte die Frau das Tuch in die Tasche ihres Gewandes und setzte sich neben Gleia auf die Brunnenumrandung. »Wieso hast du den Jungen laufen lassen?«

Sie war eine hochgewachsene Frau mit hohen Backenknochen, mandelförmigen Augen und einem Mund, der schnell vom Lächeln ins Schmollen wechseln konnte. Ihre Haut glänzte seidig, rotbraun und porenlos und lag, wie es schien, straff über dem schmal gebauten, eleganten Körper. Ihr Haar glich gezähmtem Schaum aus winzigen Locken, die nur eine Nuance dunkler waren als der Hautton. Unter dem schwarzen Umhang trug sie breite bernsteinfarbene Seidenstreifen, die ihre langen Beine umflossen. »Ich heiße Deel. Ich tanze im Horn von Sandar, *das ist eine Kneipe im Fremdenviertel. Du bist neu in Istir, stimmt's? Wieso hast du das Kerlchen laufen lassen?«*

»Ich bin selbst auf der Straße aufgewachsen.« Gleia berührte die Narben auf ihrer Backe. Ein verständnisvoller und interessierter Blick aus den Bernsteinaugen traf sie. »Aber nicht in dieser Stadt. Es stimmt schon, ich bin neu hier.« Sie machte eine Bewegung mit der Hand in Shounachs Richtung. »Ich bin mit dem Gaukler gekommen. Wir sind erst ein paar Tage hier.« So saßen sie in freundlichem Schweigen nebeneinander, während der Gaukler seine Utensilien zusammenräumte.

Eine Sänfte, von vier kräftigen Männern getragen, schob sich auf den Platz und durch die sich zerstreuende Menschenmenge auf die Plattform zu. Die Sänfte war vergoldet und mit kostbaren

Schnitzereien versehen. Blaßblaue Vorhänge verhüllten die Fenster.

Gleia runzelte die Brauen. »Wer ist das?«

Deel krauste die Nase. »Toreykyn, die Tochter des Lossal. Das Lossalwappen ist auf die Vorhänge gestickt, siehst du?« Sie deutete mit dem Finger. »Ja, das muß sie sein, die dort drinnen hockt. Die Eisenvögel des Lossals behalten sie gut im Auge.«

Zwei glitzernde Metallvögel kreisten über den Platz. Gleia kniff die Augen zusammen, um besser sehen zu können. »Eisenvögel?«

»Spione des Lossals.« Deels Mundwinkel senkten sich verächtlich. Sie trommelte mit ihren polierten Nägeln leise auf die geschmeidigen Schenkel.

»Jetzt bist du deinen Kerl für ein paar Tage los. Bis sie ihn satt hat eben.«

Gleia verbarg ein Lächeln, als die Sänfte vor Shounach niedergesetzt wurde. Das Glück des Sternenfuchses hat sich gewendet, *dachte sie und erinnerte sich daran, wie er frustiert im Zimmer auf und ab marschiert war und die Isolation der Clane verflucht hatte, die ihn von dem Lossal trennte. Nun stieg er zur Lossaltochter in die Sänfte. Sie senkte den Blick. Ihre Hände hatten sich zu Fäusten geballt. Die Fingernägel bohrten sich in ihre Handflächen. Sie zwang sich, die Finger zu öffnen, und sagte mit äußerlicher Ruhe: »Wir tun, was wir tun müssen. Es ist sinnlos, länger hier zu warten. Gehst du auch zurück ins Viertel? Warum trinkst du nicht ein Glas Wein mit mir?«*

Shounach ließ den Deckel der Flasche aufschnappen und goß etwas von dem Lösungsmittel auf den Lappen. Neben seinem Sack knieend, wischte er Farbe von seinem Gesicht und fing dann an, die Hände zu reinigen. Seine Augen huschten ruhelos über die sich langsam verlaufende Menschenmenge hin. Er war ungeduldig über die lange

Wartezeit und wollte weiterkommen mit seiner Suche nach der Quelle der Ranga-Augen. Er sah Gleia mit einer fremden Frau schwatzen und fühlte einen leisen Ärger. Sie hatte es nicht für nötig gehalten, seine Darbietung anzusehen. Er schrubbte die Hände, voller Wut, daß die weiße Farbe sich so zäh in den Nagelbetten hielt. Mit dem Lappen rieb er, so fest er konnte, an den weißlichen Rillen. Gleichzeitig bekämpfte er in sich die steigende Welle der Irritation, die sich in amorphem, ungezieltem Ärger auf alles und jedes in seiner Umgebung zu entladen drohte. *Es hört nie auf,* dachte er und sah hinunter auf seine Hände, krümmte die Finger und warf dann den Lappen mit dem Lösungsmittel zurück in seinen Sack.

Er sah die Sänfte sich nähern und hielt auf den Knien hockend inne, um zu sehen, wohin sie getragen wurde. Er machte ein unbewegliches Gesicht, obgleich die Erregung in ihm stieg, als er das Wappen des Lossals auf dem Vorhang entdeckte.

Die Sänfte hielt vor ihm an. Ein schlanker, schmuckbehängter Arm streckte sich durch den Vorhang. Mit einem wahren Schwall von Geklapper und Klickern schob eine mit zahllosen Ringen beschwerte kleine Hand den Vorhang zurück und entzog sich dann den Blicken. Die Frau im Inneren der Sänfte lächelte ihm entgegen. Sie lagerte auf einem Berg blaßblauer Kissen, ausgestreckt, auf einen Ellbogen gestützt. Das Händchen, das den Vorhang geteilt hatte, spielte nun mit den langen Strähnen des rotgoldenen Haars, das die großen festen Brüste umfloß, die sich an den silberbestickten weißen Avrishun ihres langen losen Kleides drängten.

Rotes Haar. Seine Augen ruhten sekundenlang auf den glänzenden Wellen. Er erschauerte, zwang sich zu einem

Lächeln, neigte dann den Kopf und wartete darauf, daß sie das Wort an ihn richte.

Die großen braunen Augen wandten sich ihm zu und begannen nervös zu blinzeln, die Hand, die das Haar liebkoste, erstarrte. Der weiche lächelnde Mund schob sich zu einer Schnute zusammen. »Gaukler!« Ihre Stimme klang scharf und maulend. Er bemerkte, daß sie mehr von ihm erwartet hatte als eine höfliche Verbeugung. Sein Lächeln wurde breiter, er erlaubte seinen Augen, über sie hinzuwandern und die sanften Kurven nachzuzeichnen, die das weiche, anschmiegsame Material kaum verbarg.

»Gaukler!« Nun lächelte sie wieder und wartete. Ihre Stimme klang süß und liebkosend. »Die Loschalsch wünschen deine Darbietungen tschu schehen.« Ihre langen Wimpern senkten sich und hoben sich erneut. Sie nuschelte die Worte zärtlich, und der darin enthaltene Befehl schmeckte süß. »Ich habe grosche Intresche an deinen Schpielen, Gaukler«, murmelte sie. Ihre kleine rundliche Hand nestelte in Haar und Kleidung. »Komm jetscht, Gaukler, komm mit mir, schu meinem Vater.« Sie streckte ihm ihre Hand hin als Zeichen ihrer Absicht, weniger, um sich von ihm berühren zu lassen.

Shounach lächelte, behende sprang er von der Plattform, seine Jacke öffnete sich flatternd und entblößte seine flache muskulöse Brust. Er schob sich den Riemen seines Beutels über die Schulter, klopfte ihn mit der flachen Hand zurecht und trat mit zwei Schritten neben die Frau. »Mein Vergnügen, Lady«, sagte er leise. Er streckte die Hand aus und ließ sie sekundenlang über der ihren in der Luft stehen, lächelte in ihre dunkelbraunen Augen. Ihr rotes Haar flatterte sanft, als die Sänfte sich auf das Markttor zu in Bewegung setzte. Sie lispelte banale und unverschämte Fragen, ihre Augen glitten dabei über ihn hin mit der Besitzgier eines Viehzüchters, der einen Preisbullen beäugt. Am Tor hob er die Augen und sah Gleia, die zu ihm herüberblickte. Ihr Gesicht trug einen eigenartigen, einen sanften verletzlichen Ausdruck, der in Sekundenschnelle verschwand, wie ein Schatten. Sie wandte sich ab und entfernte sich mit der hochgewachsenen dunklen Frau. Minuten später blickte er zurück und sah ihren braunen Lockenschopf, hoch aufgerichtet, und die Rundung ihrer Wange, als sie sich im Gespräch der Frau zuwandte. Ein scharfer Ton in der Stimme der Lossaltochter holte seine Aufmerksamkeit wieder zurück. Er lauschte ihren Fragen und gab Antwort, während sie die breite Straße zu den Clanhäusern entlanggingen, die durch Mauern vom Rest der Stadt getrennt waren.

Gleia hob das Beutelchen auf und schüttelte die Münzen in ihre Hand. Sie runzelte die Brauen; viel war nicht mehr darinnen. Seufzend ließ sie die Münzen zurück in den Beutel gleiten, zog die Kordel fest, legte sich die Schlaufe um den Hals und stopfte ihn in den Ausschnitt ihres Kaftans, wo er zwischen den Brüsten baumelte. Sie wischte ihre Fußsohlen ab, schlüpfte in die Sandalen, fuhr mit dem Kamm durch ihr zotteliges Haar und verließ das Zimmer. Sie zog eine verächtliche Grimasse, als sie die Tür hinter sich zusperrte und den Schlüssel in die Tasche fallen ließ. Mit einem Stückchen Draht und dreißig Sekunden Zeit hätte sie das Schloß jedenfalls knacken können. *Wie gut, daß es hier nichts zu stehlen gibt . . .*

Draußen blickte sie auf und beschattete die Augen mit der Hand. Der Himmel war klar. Die blaue Hesh schob sich an der rotflaumigen Horli vorbei. Sie zog die Kapuze des Kaftans über den Kopf. Die Atempause war zu Ende. Nun, da Hesh sich hinter Horli hervorschob, mußte sie darauf achten, sich vor Bestrahlung zu schützen. Die blaue Sonne war mörderisch. Sie wich zurück und ließ eine Gruppe von Männern vorbeigehen. Einige liefen rasch, andere schlenderten.

»Nett, daß du gewartet hast.« Deel kam auf sie zugelaufen, das Gewand flog um ihre langen Beine. »Merd hatte heute morgen frei, und da konnte ich nicht früher weg.«

Gleia wandte sich um und lief neben ihr her. Sie schlängelten sich durch die dichter werdende Menschenmenge, zu der sich immer neue Langschläfer mischten, die eben erst ihren Betten entstiegen waren. Eine Mischung von verschiedenen Gesichtern und Kleidern umgab die beiden Frauen, auch die kompakte Gruppe verschleierter Frauen war unter der Menge. Gleia wies mit dem Kinn hinüber. »Weißt du, was das für Leute sind?«

Deel blickte in die angedeutete Richtung und betrachtete die Frauen.

Sie erschauerte:

»Kümmere dich nicht um die«, sagte sie beunruhigt.

»Wieso nicht?« Gleia faßte Deel am Arm. »Wer sind sie?«

»Sie nennen sich Wanderfrauen«, sagte Deel widerstrebend. »Kommen von irgendwo flußauf wie die Bootsleute. Die Männer sagen, sie seien Hexen, unnatürliche Wesen, die zusammen leben und die Männer nicht in ihre Siedlungen kommen lassen. Gibt 'ne Menge komische Geschichten über sie, und wenn ich sage komisch, mein ich keineswegs lustig.«

So drängten sie sich behutsam durch die Menge: Gleia,

die schwieg und über das nachdachte, was sie soeben gehört hatte, und Deel, zu beunruhigt zum Sprechen. Sie strebten den im Schatten der Außenmauer aufgereihten Garküchen zu.

Sie kauften kleine, mit Fleisch gefüllte Pastetchen und Näpfe mit Cha, dann setzten sie sich in eine stille Ecke auf die schattige Bank der massiven Außenmauer, dort wo sie sich den Windungen des Flusses anpaßte. Deel schlang ihr Pastetchen herunter und hob dann den billigen Keramiktopf mit Cha an die Lippen. Ihre Bernsteinaugen streiften über Gleia hin. »Noch immer kein Lebenszeichen?«

»Nein.« Gleia schlürfte ihren Cha, setzte sich zurecht und schob mit einem wohligen Seufzer die Kapuze vom Kopf.

Deel lachte leise vor sich hin. Sie öffnete die Spange und ließ ihren Umhang von den Schultern gleiten. Sie schüttelte die schaumigen, elastischen Löckchen, die ihr Gesicht umgaben, und schob ein paar kecke Strähnen aus der Stirn.

»Scheint ja was ganz Spezielles zu sein, dein Typ.« Sie hob eine Augenbraue. »Die meisten von Toreykyns Eskapaden dauern nicht einmal halb so lang.«

Ihr Mund verzog sich erneut. »Wenn sie sich zu sehr mit ihm einläßt, wird der Lossal das Auge, das er sonst immer zudrückt, aufmachen und dann – gute Nacht, Gaukler!«

Gleia legte beide Hände um den schlichten Tonbecher mit dem kühler werdenden Tee. Sie fühlte, wie der Rand dumpf gegen ihre Zähne schlug. Ihre Hände zitterten. Der Tee floß heiß in ihre Kehle. Nach einiger Zeit setzte sie die Tasse auf ihrem Schenkel ab und fühlte die Wärme durch den dünnen Stoff ihres Kaftans. »Was haben Leute wie unsereiner schon für eine Wahl! Wir tun, was wir können, um am Leben zu bleiben.«

Deel lehnte sich zurück, ihre bernsteinfarbenen Augen verengten sich. Ihre langen Beine, die glänzten wie poliertes Holz, schoben sich aus den Schlitzen ihres Kostüms. »Istir ist kein Ort für eine Frau, die auf sich selbst gestellt ist. Du solltest dich nach einem Beschützer umsehen.« Sie lachte über Gleias Grimasse. »Kein Grund, ein Gesicht zu ziehen, gutes Kind, das ist die Wahrheit, und du weißt es.«

Gleias Mund zuckte. Sie strich mit dem Daumen über ihre Unterlippe und streichelte dann die Narben auf ihrer Backe. »Nein«, sagte sie ruhig. »Deel, ich stehe auf eigenen Füßen, seit ich geboren wurde. Ich wüßte gar nicht, wie ich mich einem Beschützer gegenüber verhalten sollte.« Sie nahm einen Schluck Tee und setzte den Napf wieder auf ihrem Schenkel ab. »Hab auch keine Lust, das zu lernen.«

»Was läuft mit dem Gaukler?«

»Das ist was anderes.«

Deel stieß die Luft durch die Nase. »Natürlich, das ist dann immer was anderes.«

»Das verstehst du nicht«, sagte Gleia dickköpfig. Sie sah über den Rand des Napfes Deel prüfend ins Gesicht. »Was ist mit deinem Auge passiert?«

Deel schnitt eine Grimasse. »Merd. Sein Kapitän hat ihn ganz schön herumgehetzt in den letzten Tagen, das läßt er dann an mir aus.«

»Und du sagst mir, ich soll mir 'nen Beschützer suchen? Da dank ich schön!«

Deel breitete ihre langen schlanken Arme aus. Ihre schmalen Hände vollführten eine schnelle Geste, als sie die Handflächen nach oben drehte. »Gibt viel schlimmere Typen hier herum als Merd. Ich als Tänzerin sitze oft in der Bredouille, manche von meinen Chefs sind schlimmer als die besoffenen Typen, die in der Bar rumhängen, wenn ich tanze. Seit ich mit Merd zusammen bin, lassen sie alle ihre Pfoten von mir. Er hat den Grapschern, die mir das Leben schwermachten, eins aufs Dach gegeben.« Sie kicherte leise. »Er ist groß wie ein Elefant, außerdem ist er ein Harrier. Keiner will sich mit den Clans anlegen. Das ist mir ein paar Beulen wert. Wie dem auch sei, so schlimm ist er gar nicht.« Sie hob die Schultern und strich mit dem Finger über die klargeschnittene Kurve ihrer Oberlippe. »Du sähst gar nicht schlecht aus, wenn du die Narbe zuschminken könntest. Erlaube mir, dir was zu geben, ein Zeug, mit dem das geht. Ich möchte dir zeigen, wie man sich ein bißchen zurechtmacht.«

Gleia grinste Deel an. »Ich hab' keinen Bock drauf, mich zu verändern, Liebes. Ich weiß genau, wie ich aussehe, und das gefällt mir.«

»Schön blöd.« Deel beugte sich vor und breitete vor Gleia ihre Hände aus. Die Nägel waren sorgsam manikürt und mit einem dunkellila Lack überzogen, der zur glitzernden Farbe ihrer Lippen paßte. »Halt mal deine Hände neben die meinen.«

Gleia spreizte die Finger und hielt ihre Hände neben die der Tänzerin. Sie waren kleiner, die Finger kürzer, die Nägel kurz geschnitten. Die Spitze vom Mittelfinger und die Seite vom Daumen der rechten Hand waren rauh wie Sandstein von den Stichen der Nadel.

Deel schnalzte bekümmert mit der Zunge. »Hat dir denn niemand beigebracht, wie man sich pflegt?« Sie hob eine von Gleias Händen auf und drehte sie um. Sie knurrte, als sie die trockene Haut der Handflächen berührte. »Hast du noch Geld übrig?«

»Ein bißchen.« Sanft machte Gleia ihre Hand los. »Ich bin fast mit der Stickerei auf dem Schal fertig. Fehlen nur noch ein paar Stunden Arbeit. Ich könnte jetzt einen ehrlichen Kaufmann gebrauchen, der ihn mir abkauft.«

»Hab's schon verstanden, Schätzchen.« Deel runzelte die Brauen und trommelte mit dem Fingernagel auf die gespannte Seide ihrer Schenkel. »Ich seh zu, daß ich Merd erwische. Wenn er dabei ist, wird kein Kaufmann wagen, dich übers Ohr zu hauen. Wenn dein Kerl morgen noch nicht zurück ist, können wir schnell was zusammen essen und dann ein paar Leute aufsuchen, die ich kenne. Was wirst du tun, wenn du das Geld erst mal hast?«

Gleia schwieg eine Weile. Schließlich strich sie sich über die Augen. »Ich weiß es nicht«, sagte sie langsam. »Gestern abend dachte ich, ich hau ab. Heute ... bin ich mir nicht sicher, ob ich ...« Sie verstummte und schüttelte den Kopf, während sie die Cha in ihrem Napf betrachtete. »Deel, was ist eigentlich los hier in Istir? Wieso sind die Leute so hektisch?«

Die Bernsteinaugen betrachteten sie sinnend. Deel nickte mit dem Kopf. »Stimmt. Du und dein Gaukler, ihr habt euch eine schlechte Zeit zum Besuch ausgesucht.« Sie kreuzte die Arme über der Brust und lehnte sich näher, so daß ihr Kopf fast den von Gleia berührte. »Der Stareyn wird, wie ich höre, immer schwächer. Die lassen natürlich nichts raus, die Clans, meine ich, aber viele Leute arbeiten in Kiralydom und kommen heim zu ihren Familien, wenn sie abends fertig sind. Die meisten wissen mehr, als die Clans ahnen. Und Merd hat zweimal in der Woche Dienst im Kiralydom. Er erzählt mir, der Stareyn kann den Speichel nicht mehr halten und schläft oft mitten im Satz ein. Er ist ein Sokklaun, ich spreche vom Stareyn. Die Sokklas haben das Stareynat über die letzten drei Stareyperioden gehalten. Das bedeutet, sie haben Istir und die Istraven über Jahre und Jahre regiert. Die Lossalin aber lauern darauf, ihnen die Regierung abzujagen, sobald sich eine Gelegenheit ergibt.« Sie warf einen vorsichtigen Blick in die Runde und flüsterte: »Das Gerücht geht um, daß sie schon eine Methode gefunden haben. Die Gemächer des Stareyn sollen ja angeblich hermetisch abgeriegelt sein, keine Möglichkeit einzudringen, und doch sprechen die Männer immer wieder davon, daß es den Lossals irgendwie gelungen ist, dort etwas zu verändern. Also ich . . .« Wieder blickte sie rasch in die Runde, aber keiner der vorbeischlendernden Männer schien Interesse an ihnen zu haben. »Also ich, ich überleg mir schwer, ob ich nicht hier abhaue und vielleicht in den Süden geh nach Zindaira. Ich hab' Familie dort. Und ich bin eine verdammt gute Tänzerin. Verhungern werd ich nicht. Wieso kommst du nicht mit? Du sagst doch, du hast dir auch überlegt, ob du nicht wegwillst. Zwei Frauen sind sicherer als eine.«

»Was wird mit Merd?«

»Ich werd' den großen Blödmann vermissen, aber mein Kopf würde mir noch mehr fehlen. Wenn Stareyn stirbt, hat er Dienst, bis er umfällt. Ich sehe aber, daß es da einen Haufen Schwierigkeiten geben wird. Wenn große Clans aufeinanderprallen, werden die kleinen Leute zwischen ihnen zerquetscht. Wie du gesagt hast, man spürt ja die Spannung bis hierher, im Fremdenviertel. Jeden Tag kann der ganze Mist losgehen. Das ist auch der Grund, warum der Kapitän von Merd so nervös ist.« Sie kicherte. »Also der eigentliche Grund für mein blaues Auge.« Sie blickte auf. Wolken zogen über die Sonne.

»Verdammt, das wird eine feuchte Nacht. Das fehlt mir gerade noch. Das bedeutet, daß es im *Horn* gesteckt voll sein wird mit Bootsmännern.«

Sie zog den Umhang um die Schultern und machte die Kette in der Schließe fest.

»Denk nach über meinen Vorschlag, Gleia. Der Gaukler lebt im Augenblick gefährlich. Der Lossal, diese ekelhafte Giftschlange, würde, um seine Tochter zu schützen, nicht zögern, die halbe Stadt zu vergiften. Er gibt nicht mal vor sich selber jemals zu, daß sie herumschläft, schlimmer als eine Hure. Sechs Tage sind's jetzt her?« Sie schüttelte den Kopf. »Glaub nicht, daß du ihn wiedersiehst, Gleia.« Seufzend erhob sie sich und zog die Kapuze über ihren Kopf. »Muß gehen. Merd kommt spät am Nachmittag zurück und erwartet mich zu Hause. Denk an meine Worte. Wenn du wegwillst, komm mit mir.«

Gleia sah sie mit schwingenden Schritten davongehen und betrachtete dann sinnend das Restchen Cha in ihrem Napf. Mit einem hellen, wütenden Schmerzensschrei schloß sie die Finger um den Napf. Sie warf ihn an die Mauer, an der er in bröcklige Scherben zerschellte, die Sekunden später leise auf das Pflaster rieselten. Sie senkte den Kopf in ihre Hände. Ihr Zwiespalt wurde durch Deels Angebot um so deutlicher. »Shounach, Shounach«, flüsterte sie. »Was soll ich bloß tun? Wenn ich nur wüßte, was mit dir los ist! Wenn ich wüßte ... warum ich ... warum du dir solche Mühe gegeben hast mit mir ... Wenn ich wüßte ... was ich ... Ranga-Augen ...« Sie hob den Kopf und starrte versonnen in ihre verschränkten Finger. Die geflüsterten Versuchungen der eiförmigen

Kristallklumpen fielen ihr wieder ein. Sie hatte einst einen auf der Straße in Carhenas gefunden, hatte hineingeschaut und Schönheit gesehen, Freundschaft, eine idyllische Welt, die sie magisch anzog. Sie hatte damals der Versuchung widerstanden, um ihren eigenen Weg zu gehen. Nun traten die Ranga-Augen wieder in ihr Leben mit Shounach. *Ich wollte, der Schmuggler hätte dir nicht gesagt, wo er die Augen, die er verkaufte, her hatte. Wenn's nicht um die verdammten Augen ginge, wärst du nicht mit der da auf und davon . . . hättest du mich nicht verlassen . . . Madar schütze mich, ich weiß nicht . . . ich weiß nicht . . .*

Sie sprang auf die Füße, riß die Kapuze hoch und hastete davon.

Spätabends, als sie müde vom langen ziellosen Herumwandern im Marktviertel in ihr Zimmer kam und die Tür hinter sich schloß, bemerkte sie, daß es durch die Lamellen der Fensterläden hereinregnete. Mit einem wütenden Aufschrei lief sie zum Fenster. Sie öffnete die Läden, Regen stäubte ihr ins Gesicht.

Unten kamen vier große Männer unter einer Last die Straße entlanggetaumelt. Ihre geölte Haut glitzerte im Licht. Wasser rann an der reichverzierten Sänfte herunter, die sie trugen.

Gleia erkannte die blauen Vorhänge, fühlte sich erstarren und wußte nicht, ob sie sich über den Anblick freuen sollte oder nicht.

Shounach glitt heraus, schüttelte seinen hellroten Haarschopf, als er die Tropfen spürte, und drückte einen langen Kuß auf das kleine runde Händchen, das sich ihm durch die Falten des Vorhanges entgegenstreckte. Er kümmerte sich nicht um den nun stärker werdenden Regen, sah der Sänfte eine Weile nach und hob dann den Blick. Als er Gleia bemerkte, grinste er, winkte und eilte ins Haus.

Gleia kippte die Jalousien und ließ den Hebel einrasten. Sie trat zum Bett, setzte sich, ließ die Schultern hängen, fühlte sich eigenartig. All der Kummer, die Wut und die Unsicherheit der vergangenen Tage brachen erneut über sie herein.

Er klopfte an der Tür.

»Gleia, mach auf.«

Sie rutschte vom Bett, stieß die Sandalen von den Füßen und trat zur Tür. Nach einem Augenblick des Zögerns drehte sie den Schlüssel im Schloß und zog sich zum Fenstersitz zurück. Sie schmiegte ihren Körper in die Wandnische, zog ihre Beine zu sich heran und legte ihre Hände auf die Knie.

Shounach trat ein, schloß die Tür, sah sich um. Das Zimmer wurde einzig von den Fackeln auf dem Gang draußen beleuchtet. Das Licht drang durch die breiten Ritzen an der Tür herein. In der Dunkelheit war er nichts weiter als ein nervöser Schatten. Sie hörte ihn herumfuhrwerken und spürte, wie ärgerlich er war. Er warf seinen Sack neben das Bett.

»Gleia.«

Sie schloß die Augen. Vorwürfe, bittere Anschuldigungen, Fragen drängten nach oben. Alle waren, so schien ihr, umsonst. Ohne ein Wort sah sie zu, wie er die Lampe anzündete. Ihre Hände hatten wieder zu zittern begonnen. Sie kreuzte die Arme über der Brust, zog ihren Kaftan fest um sich und wartete darauf, daß er sie anspräche.

»Hockst im Dunklen?«

Noch immer stumm, betrachtete sie forschend sein Gesicht. Er wirkte müde und verwirrt, aber die schleichende Verzweiflung, die ihn vorher fast zugrunde gerichtet hatte, schien vorüber. Er hatte gefunden, was er suchte! Sie schluckte und senkte den Blick.

»Schmollst du?« Er ließ sich aufs Bett fallen und fing an, sich die Stiefel auszuziehen. »Was ist dir denn für 'ne Laus über die Leber gelaufen?«

Sie atmete tief ein und fühlte den Drang, ihren ganzen Zorn über ihm zu entladen. Sie schluckte ein paarmal und platzte endlich heraus.

»Fünf verdammte Tage, und kein Wort von dir!«

»Du weißt doch, wo ich war!« Er schickte sich an, die Hosen aufzuknöpfen. »Und warum ich dort war.«

Sie hörte den Ärger in seiner Stimme, als er ihr diese Worte hinwarf, und das gab ihrer eigenen Wut Zunder. »Na und?« Sie schob sich aus der Ecke und schwang ihre Beine vom Fenstersitz herab. »Es kann doch nicht so schwierig gewesen sein, mir *ein* Wort, ein einziges Wort zukommen zu lassen, oder? Mich wissen zu lassen, daß du noch lebst. Wie, glaubst du, wie ich mich da fühle, wenn ich höre, daß der Lossal sein Töchterlein so eifersüchtig bewacht, daß er es fertigbrächte, die halbe Stadt ihretwegen zu vergiften?« Sie beugte sich vor, ihre Hände krampften sich um die Kante des Fenstersitzes. »Ich hab sie gesehen, sie ist eine Schönheit. Ich hab nie gewußt, wieso du ausgerechnet mit *mir* etwas angefangen hast. Du kannst deine Sachen packen, wann immer du Lust hast.« Sie hob den Kopf und starrte ihn an. Ihr Ärger war mit einemmal verflogen. Er sah müde aus und unglücklich. Seine Schultern hingen. Er wischte sich mit der Hand übers Gesicht und ließ sie dann aufs Knie fallen. Gleia schloß die Augen sekundenlang, öffnete sie dann wieder und sagte: »Du hast mich nicht vergessen, oder?«

»Bist du fertig?«

»Nein. Aber es hat keinen Sinn, weiterzureden.« Sie zuckte die Schultern. »Morgen wollte ich abreisen – ich dachte nämlich, du kommst nicht zurück.«

»Und nun, da ich wieder da bin?«

»Ich weiß nicht.«

Gleia lehnte sich gegen die Fensterläden, ihr Gesicht lag im Schatten. Der lockere Kaftan fiel um ihren Körper und verbarg ihn. Ihre Finger aber waren ruhelos, zuckten, Handflächen streiften über die Schenkel, über das Holz des Fenstersitzes. Shounach unterdrückte einen Wutausbruch, fühlte einen altbekannten Schmerz und erschrak. Er fürchtete sich vor seiner Wut, fürchtete sich vor dem Menschen, zu dem sie ihn machte. Plötzlich war ihm diese Frau unter die Haut gegangen, ohne daß er es gewollt hatte. Sie wußte nicht, daß sie in ihm alte Gefühle aufstörte, die er längst für tot gehalten hatte. Wieder strich er sich übers Gesicht. Er war müde, und es war ihm noch immer halb über, vor Selbstverachtung, die seiner Nachgiebigkeit Toreykyns Macken gegenüber entsprang. Der alte Ärger, der ihn dazu trieb, die Quelle der Ranga-Augen zu suchen, machte ihn krank. Minutenlang beobachtete er ihre Hände und fragte dann: »Was hast du vor?« Zum erstenmal, seit viel zu vielen Jahren, entdeckte er, daß ihm die Entscheidung eines anderen Menschen etwas bedeutete. Er fühlte, wie sich die lange unterdrückten Gefühle schmerzhaft in seiner Brust zu entfalten begannen. Er versuchte, sie wieder zurückzudrängen, während er die Arme fest über der Brust kreuzte und auf ihre Antwort wartete.

Ein paar Minuten sagte sie kein Wort. Ihre Hand hob sich zur Backe, die Finger betasteten die Narben – ihren Talisman. »Ich weiß es nicht.«

»Das sagtest du schon.« Er lächelte rasch, aber als sie weiter an ihm vorbeistarrte, erstarb das Lächeln.

»Das habe ich mir sehr oft gesagt in den letzten drei Tagen. So oft, daß ich leid bin, es zu hören.« Sie setzte sich auf, so daß ihr Gesicht im Licht lag. »Ich weiß nicht, ob ich mich zweiteilen kann, das ist die Wahrheit.«

»Verstehe.« Er sah hinunter auf seine Stiefel, auf seine Jacke, die darübergefallen war. Er schlängelte sich aus seinen Hosen, trug Sack, Stiefel und Kleider zu den Mauerhaken, an denen schon Gleias Tasche hing. Die Tasche war voll und stramm. Er berührte sie, als er über die Schulter zu Gleia hinsah. »Alles zum Abmarsch bereit, was? Alles gepackt?«

Sie fuhr sich ungeduldig mit den Fingern durchs Haar. »Hab' ich dir doch gesagt.«

»Ja, allerdings.« Er ließ Sack und Stiefel fallen und hängte Jacke und Hosen an die Haken. Als er langsam zum Bett zurückkam, streckte er sich und gähnte. Er schob die Decke am Fußende des Bettes zusammen, legte sich auf den Rücken und zog ein Kissen unter den Kopf, faltete es zusammen, zappelte herum, bis er bequem lag. »Komm her zu mir, Gleia. Ich bin es müde, durchs ganze Zimmer zu schreien, wenn ich mit dir spreche.«

Sie lächelte widerstrebend, schüttelte den Kopf. »Ich trau dir nicht, Fuchs. Du könntest einen Tars dazu überreden, sich für dich zu häuten.«

»Der Fenstersitz sieht verdammt ungemütlich aus, und vor Sonnenaufgang wird's empfindlich kalt.« Er rollte sich auf die Seite und stützte sich auf den Ellbogen. Er streckte ihr die Hand hin. »Sei nicht albern, Liebchen. Komm her und hör dir meine Lebensgeschichte an.«

»Verdammter Fuchs.« Sie rutschte vom Fenstersitz. »Fünf Tage im Bett dieser Schlampe! Ich sollte dich aus dem Fenster stoßen.« Sie warf den Kopf zurück, daß er gegen die Fensterläden schlug. Sie zog sich den Kaftan über den Kopf. Ihre Worte kamen undeutlich unter dem Stoff hervor. »Du weißt nicht, was für eine Lust ich dazu hätte.« Sie breitete den Kaftan über den noch unfertigen Schal auf dem Nachttisch, blies die Lampe aus und streckte sich neben Shounach aufs Bett. Sie lag auf dem Bauch, den Kopf auf den gekreuzten Armen. »Deine Lebensgeschichte?«

»Einen Teil davon.« Leise fuhr er mit der Hand die Linie ihres Rückens nach. Ihr Fleisch war kühl und fest unter seinen Fingern. »Ich hatte einmal einen Bruder.« Er faßte eine ihrer Locken und ließ die seidige Strähne durch die Finger gleiten. »Vor langer Zeit. In Wirklichkeit war er ein Halbbruder, obgleich wir aufwuchsen wie Zwillinge.«

Sie stieß seine Hand weg und drehte sich leicht zur Seite. »Ich verspreche nichts, Shounach. Erzähl mir, was du willst, aber bitte denk daran, es wird nichts an meinen Entschlüssen ändern. Ich allein entscheide für mich. Ich laß mich nicht schieben.« Sie legte sich wieder auf den Bauch. Das wenige, was er von ihrem Gesicht sehen konnte, sah entschlossen aus.

Er drehte sich auf den Rücken und starrte zur im dunklen Schatten liegenden Decke hinauf. »Weißt du noch, wie wir uns begegnet sind?«

»Ja, auf dem Schiff, das die Thissiks gestohlen hatten. Warum?«

»Da hab' ich dir gesagt, ich könnte mich nicht an meine Eltern erinnern. Sie wären wahrscheinlich Bergbewohner gewesen.« Er lag schweigend neben ihr. Die Geräusche aus dem Brunnenraum kamen über die Treppe zu ihnen herauf und füllten ihre Ohren. Shounach fühlte Gleias Widerstand, sie bewegte sich von ihm fort. *Vielleicht war's ein Fehler, sie so nahe kommen zu lassen,* dachte er. *Weiß nicht.* Er lächelte in die Dunkelheit und kratzte sich am Arm. *Nach drei Jahrhunderten der Wanderschaft so wenig zu wissen . . .*

»Als die Thissiks dich hereinschleppten und auf das Lager stießen, dachte ich, ich hätte meinen Augen zuviel zugemutet. Ich sah meinen Bruder . . . du hättest sein Zwilling sein können.«

»Dein Bruder?« Sie setzte sich auf, drehte sich ihm zu und kreuzte die Beine unter sich. »Dein Bruder? Die ganze Zeit hast du also deinen Bruder beschlafen?« Wut und Ekel schwangen in ihrer Stimme. Sie wollte vom Bett herabrutschen.

Er hielt sie am Knöchel fest. »Sei nicht blöde.«

»Laß los.« Sie stieß mit dem Fuß, wollte ihn abschütteln.

Er zögerte ein wenig und ließ dann los. »Geh, wenn du willst.«

Gleichzeitig rollte er sich auf die Seite und wandte ihr den Rücken zu. Er wartete gespannt, ob er mit seinem Spiel den gewünschten Erfolg erzielen würde. Einige Minuten herrschte Stille, dann hörte er die Laken leise knistern, als sie sich wieder neben ihm auf dem Bauch ausstreckte.

»Nun?« Das Wort klang hart, wurde ihm fast hingespuckt.

»Was nun?« Er grinste im Dunkeln, ließ aber nichts davon in seiner Stimme anklingen.

»Was hat dein Bruder überhaupt mit uns beiden zu tun?«

»Mhm.« Wieder rollte er auf den Rücken und puffte das Kissen unter seinem Kopf zurück, so daß er ihr ins Gesicht sehen konnte. Es lag im Schatten, Locken hingen über Augen und Nase, er konnte nichts weiter erkennen als ihr Kinn und die Linie ihres Unterkiefers. »Halbbruder«, sagte er und sah sie beim Klang seiner Stimme zusammenzucken. »Derselbe Vater – zwei verschiedene Mütter. Meine Mutter war eine rothaarige Hexe, mit einem Fluch auf ihrem Leben. Sie . . .« Er schwieg abrupt, als er bemerkte, daß er noch immer nicht über sie sprechen konnte. »Ist ja auch gleich. Mein Bruder hatte dein Temperament, Gleia. Einen Augenblick heiß wie brodelnde Lava, Sekunden später sanft und mild. Ich war anders. Ich hielt meinen Zorn am Kochen. Ich bin immer sehr nachtragend gewesen, Liebchen. Weit über die normale Spanne hinaus. Eines Tages fand ich ein Ranga-Auge. Ich fischte es aus dem Bach, der hinter dem Haus meiner Familie vorbeifloß. Falls dich das interessieren sollte, es ist der Fluß, der etwas südlich von Carhenas mündet.«

Gleia gab einen leisen, erschreckten Laut von sich. Er drehte sich auf die Seite und strich ihr das Haar aus dem Gesicht, berührte die Narbe auf der Backe. »Komischer Gedanke, daß wir vielleicht verwandt sind.«

»Ich dachte, du seist nicht auf der Erde geboren. Jedenfalls hast du mich das glauben lassen.«

Er hob sich auf den Ellbogen und fing an, ihren Rücken zu streicheln. »Ich rede nie viel über solche Sachen. Ich habe meinen Bruder getötet.«

»Shounach!« Sie drehte sich ihm zu – faßte seine Hand, zog dann die Finger zurück, versuchte in der Dunkelheit sein Gesicht zu erkennen. Wieder stieg Skepsis in ihr auf.

Er umschloß ihre Hand mit der seinen, als hole er sich Kraft bei ihr. Was jetzt kam, war schmerzhaft für ihn, ganz gleich, wie sehr er sich auch bemühte, von der Erinnerung Abstand zu gewinnen: Er konnte das leergewordene Gesicht seines Bruders nicht vergessen. »Ich war ungefähr sechs Standardjahre alt, Gleia. Das Auge glitzerte zwischen den Kieseln auf dem Grund. Ich trug es zu der Bank, auf der mein Vater am Morgen gerne saß. Ich setzte mich mit dem Ei in der Hand hin und drehte es zwischen meinen Fingern. Ich war fasziniert, als es anfing, mir Träume vorzuspielen. Du verstehst das. Ehe ich dem Zauber ganz anheimfallen konnte, läutete die Glocke zum Abendmadargesang. Ich versteckte das Auge im Wurzelwerk des Baumes und ging ins Haus. Am nächsten Tag hatte ich einen Streit mit meinem Bruder . . . ich weiß nicht mehr, um was es ging, irgend etwas Unwichtiges. An diesem Abend legte ich das Auge neben sein Bett und ging selbstzufrieden schlafen. Ich glaubte, er würde die ganze Nacht nicht schlafen und am nächsten Tag dafür bestraft werden. Er muß ganz besonders empfänglich und sensibel gewesen sein; am nächsten Morgen war er schon verloren. Leergebrannt.« Er entzog ihr seine Hand, rückte von ihr ab und lag da, den starren Blick auf die dunkle Zimmerdecke geheftet. Die alte Wut schwoll in ihm herauf, und er suchte sie in den Griff zu bekommen.

»Ich bin weggelaufen«, murmelte er. »Konnte mich meiner Tat nicht stellen. Später habe ich unsere Welt hinter mir gelassen. Bin viel herumvagabundiert, bin mehr als alles andere vor mir selbst weggelaufen. Hab mir beigebracht, nichts zu empfinden. Nun aber ist etwas geschehen, das mich wieder auf diesen Planeten zurückführte.«

»Die Jagd auf die Ranga-Augen.«

»Ja, die Jagd«, sagte er rauh. Er drehte den Kopf zu ihr hinüber und lächelte ein halbes Lächeln, das nur ruckartig einen Mundwinkel hob. »Hab' dir ja gesagt: Ich bin *sehr* nachtragend.«

Draußen rauschte der Regen, schlug ohne Unterlaß gegen die Fensterläden. Die Stimmen aus dem Brunnenraum im unteren Haus hoben und senkten sich. In einer plötzlichen Stille hörte Shounach die Flüche eines Mannes, den man in die feuchte Nacht hinausstieß, dann das Klatschen seiner Schritte, als er zu einem anderen Unterstand rannte. Neben ihm wälzte sich Gleia unruhig hin und her. Sie stützte sich auf einen Ellbogen und legte ihre Handfläche auf seine Brust. Sie lächelte leise, das Weiß ihrer Augen schimmerte im Dämmerlicht. »Was war nun los in den letzten sechs Tagen?« Sie faßte mit Zeigefinger und Daumen ein wenig Haut und kniff, so fest sie konnte. »Und brüste dich jetzt nicht mit deiner Eroberung. Davon will ich nichts hören!«

Er stimmte glücklich in ihr Lachen ein, griff sich ihre Hand. »Du bist wunderbar, meine kleine Füchsin. Verdammt, du hast mir gefehlt.«

Sie rückte von ihm ab. »Keine Versprechungen, Fuchs.« Ihre Stimme war kühl, sie wollte sich nicht von ihm beschwatzen lassen, ihre Zweifel zu begraben.

Er atmete tief ein und ließ die Luft mit einem kleinen Knall plötzlich entweichen. »Was war los? Ich trat vor dem Haushalt auf – und vor der Tochter des Hauses. Dazwischen strich ich im Haus herum, fragte hier, horchte dort und fand überhaupt nichts über den Lossal und das Ranga-Auge heraus. Ich hab' mir dabei mehr über den Lossal und seine Aktivitäten anhören müssen, als mir lieb war.«

Er gähnte und breitete die Hände über die Rippen. »Bis gestern nacht.«

Behutsam schlüpfte er aus dem Bett und sah mit Selbsthaß und seelischer Mattigkeit auf die schlafende Toreykyn herab. »Hure!« flüsterte er und meinte eigentlich gar nicht die schlafende Frau, die leise schnarchte, das Gesicht entspannt und für den Augenblick geradezu schön ohne die Gier und die Launenhaftigkeit, unter denen ihre Schönheit im wachen Zustand litt. Er strich sich übers Gesicht und wandte sich ab. Er versuchte die Mattigkeit seiner Glieder und seines Geistes zu überwinden.

Aabs Licht drang durch die Vorhänge herein und verwandelte die Dunkelheit in eine perlgraue Dämmerung. Shounach zog sich rasch an und kniete neben seinem Sack nieder. Er griff durch die Membrane in die Hypertasche nach seinem Werkzeug. Er hängte sich den Klingler ins Ohr, einen birnenförmigen roten Edelstein, der ihn vor elektronischen Spionen warnte. Die Eisenvögel des Lossal hatten ihn erschreckt. Sie gehörten nicht in diese vorindustrialisierte Gesellschaft. Als er den Suchring über den Finger streifte, machte er sich ein paar müßige Gedanken über die Quelle der Eisenvögel. Außerirdische Händler wahrscheinlich. Er drehte den grauweißen Stein nach innen, seine Lippen wurden schmal, als er in dem matten Edelstein ein schwaches Glitzern entdeckte. Der Sucher war auf Ranga-Augen eingestellt. Zum erstenmal erhielt er den Beweis dafür, daß der Lossal eine Verbindung mit Ranga-Augen hatte. Er schob einige Dietriche, einen kleinen Schocker, einen Schneider und die Laserrute in seine Tasche und schloß den Sack.

Toreykyn regte sich im Schlaf und murmelte. Mit angehaltenem Atem trat Shounach rasch ans Bett. Sie schlief noch, aber warf sich unruhig hin und her. Er berührte ihre Schläfe, konzentrierte sich, sandte sie tiefer in den Schlaf. Als er sich aufrichtete, wischte er die Finger an die Jacke. Sie schnarchte wieder: weiche, pfeifende

Laute. Sogar im Schlaf lispelt sie, dachte er. Sein Ekel fiel von ihm ab, und er spürte nur noch Mitleid. Sie war alles in allem eine ziemlich dumme Person, die nicht genug Fantasie besaß, um böse zu sein.

Er wandte sich von ihr ab und trat ans Fenster. Seit zwei Tagen hatte er versucht, in das Zimmer zu gelangen, das der Lossal Bibliothek nannte. Er hatte alle Zugangswege ausprobiert, die er entdecken konnte, war immer wieder zu verschiedenen Tages- und Nachtzeiten zurückgekommen. Dieser Raum wurde rund um die Uhr bewacht, und zu allen Tages- und Nachtzeiten kamen und gingen die Menschen. Es blieb ihm nur eins übrig, nämlich von außen einzusteigen. Er schlüpfte durch die schweren Vorhänge und robbte auf dem Bauch ins Zimmer. Die Mauer war hier fünf Fuß dick, und die Fensteröffnung verjüngte sich nach außen, war aber immer noch hoch genug für ihn, um aufrecht sitzen zu können, als er die äußere Öffnung erreichte. Er rückte sich zurecht, bis er sitzen und seine Beine zwischen den Weinranken hängen lassen konnte. Er sog den übersüßen Duft der reifen Weintrauben um sich her ein.

Unten breitete sich der schweigende Garten, der Friede der Natur schien sich über ihn lustig machen zu wollen. Die Büsche und Bäume lagen wie dunkle Inseln im bleichen Gras, und das silbrige Glitzern der Springbrunnen traf sich im Brunnenbecken in der Mitte des Gartens. Hinter dem Garten lag die Mauer, die den privilegierten Teil der Stadt umgab, düster und drohend. Die Türme und Zinnen standen wie Scherenschnitte gegen das helle Fackellicht des Marktplatzes. Als er gerade aus dem Fenster klettern wollte, hielt er inne. Drei Gestalten näherten sich mit schnellen Schritten vom Fremdenviertel her und strebten dem inneren Tor zu. Er beobachtete die drei ziemlich neugierig. Sein Sitzplatz lag so weit oben, daß er bequem die breiten Straßen überblicken konnte, aber zu hoch, um von den dreien mehr erkennen zu können als die dunklen Umrisse.

Als die Gestalten hinter der Mauer verschwanden, fühlte Shounach seine Handfläche warm werden. Rasch blickte er nieder, und die Erregung lag kalt in seiner Magengrube. Langsam öffnete er Finger um Finger und enthüllte den Suchring. Der Edelstein strahlte immer stärker.

Als die drei auf der ihm zugekehrten Seite des Tors auftauchten, schossen zwei Eisenvögel vom Haus her herab und begannen die Türme des Tors zu umkreisen. Shounach runzelte die Brauen, stieß sich vom Fenster ab und ließ sich dicht an der Mauer entlang niedersinken. Weinranken streiften seinen Körper, seine Augen wandten keinen Blick von den Eisenvögeln.

Er landete gebückt und kroch sogleich zurück in den Schatten der Mauer. Die Weinstöcke waren uralte verknotete Ungeheuer mit lockerer, schuppiger Rinde, die sich in gerollten Strähnen vom Holz abhob und sich an den Stoff seiner Hose hängte, selbst an seine nackten Füße und Hände. Er verzog das Gesicht und wischte behutsam an den juckenden Schüppchen, während er durch die Weinblätter hinaufspähte nach den Vögeln.

Einer von ihnen hielt beim Kreisen inne und kam über den Garten geflogen. Shounach schob seine Hand in die Jackentasche und schloß die Finger um die Laserrute. Im stillen verfluchte er den Vogel. Es mußte ihm gelingen, einen Blick auf diese Männer zu werfen. Er mußte unbedingt herausfinden, wer dem Lossal die Ranga-Augen lieferte. Der Duft der Früchte war hier unten stärker geworden, fast betäubend. Die Blätter flüsterten, die Weinranken ächzten und vibrierten im aufkommenden Wind. In den Bäumen und Büschen hörte er die Rufe der Nachtvögel, hörte Insekten zirpen und surren. Über all den kleinen Nachtgeräuschen aber schwebte das unablässige metallische Summen des Eisenvogels.

Er kreiste über dem Garten und näherte sich nun wieder der Hauswand. Rubinrotes Licht schoß plötzlich in gebündeltem Strahl aus dem Auge und streifte am Fuß der Mauer entlang.

Shounach wartete gespannt; wenn er den Laser benutzte, mußte er fliehen, so schnell er konnte. Das rote Licht übergoß Steine und Blätter und glitt geschwind auf ihn zu.

Das Tor der Gartenmauer wurde aufgestoßen, und die drei Männer traten hindurch. Zwei waren Harriers des Lossals, der dritte ein Bootsmann vom Flußlauf. Ein wichtiger Mann, dachte Shounach, das konnte er an seinem pompösen Gang sehen. Er war ein häßlicher, arroganter Mann, der einen großen Lederbeutel gegen seinen runden Bauch gedrückt hielt. Shounach starrte gierig hinüber, seine Hand mit dem Ring zur Faust geschlossen. Der Ring brannte ihm auf der Handfläche. Mandar-sei-Dank, dachte er. Es war wie ein Echo aus seiner Kindheit. ›Das Glück des Fuchses‹, hätte Gleia gesagt. Er vergaß den Suchvogel, er starrte den Mann an und prägte sich die groben, vom Leben gezeichneten Gesichtszüge gut ein.

Der Bootsmann hob die Augen und sah den Vogel. »Halt mir bloß das verdammte Ding vom Leibe.« Er blieb stehen und starrte den Harrier dickköpfig an.

»Ich mach keinen Schritt mehr, ehe dieses Ungeheuer nicht verschwindet.«

Shounach fuhr zusammen und hielt sich dann sehr still, als Rinde und Blätter laut gegen die Steine der Wand schlugen. Er verfluchte seine Besessenheit, die ihn die Gefahr vergessen ließ, in der er sich befand. Wieder sah er zu dem Vogel auf. Das rote Licht war erloschen, der Vogel aber tanzte etwa sechs Fuß von ihm entfernt in der Luft auf und ab, als würde er von unsichtbaren Wellen geschaukelt.

»Er hat etwas aufgespürt, oder jemand ist im Garten. Ich werde . . .« Der Harrier hielt inne, als der Vogel von der Wand absurrte und zum Eingangstor zurückschoß. »War wohl nichts. Kommt! Kein Wort mehr, wenn wir drinnen sind. Erst wieder, wenn wir beim Lossal ankommen.« Der Bootsmann nickte, und *die drei Männer durchschritten rasch den Garten und erreichten die Seitentür und die kleine Treppe, die hinaufführte. Shounach kauerte im Schatten und wagte nicht, ihnen zu folgen. Als er ihnen nachsah, bereitete ihm das Gefühl der Vergeblichkeit beinahe Übelkeit. Er drückte die Handballen an die Augen und bebte vor Zorn und Enttäuschung. Er versuchte sich einzureden, er hätte schon genug gesehen. Er ist ein Bootsmann, und ich kenne sein Gesicht! Schwindelig vom schweren Duft der Weinstöcke lehnte er sich an die Wand. Er war zu müde, um sich noch weiter zu quälen.*

»Dann bin ich zurückgekehrt in das Zimmer, hab' meine Sachen im Sack verstaut und wie ein Toter geschlafen, bis Toreykyn mich am nächsten Morgen weckte.« Er gähnte, drehte sich auf die Seite und versuchte in der Dunkelheit ihren Gesichtsausdruck zu erkennen.

Gleia warf die Haare aus der Stirn und stützte sich auf den Ellbogen. »Ein Bootsmann?« Sie richtete sich auf, saß mit gekreuzten Beinen, die Ellbogen auf die Knie gestützt. Sie sah ihn durch die Locken an, die in ihre Stirn hingen. »Wieder ein Schritt vorwärts! Was nun?« Sie zögerte einen Augenblick und fuhr dann fort. »Deel sagt, der Stareyn läge im Sterben.«

»Deel?«

»Du hast sie mal gesehen – an dem Tag, als du mit Toreykyn abzogst. Die Tänzerin, die neben mir stand. Sie sagt, wenn der Stareyn stirbt, schließen die Clans die Stadttore und lassen niemanden hinein oder heraus, bis der neue Stareynclan feststeht und der neue Stareyn die Regierung übernehmen kann. Das könnte ein Problem für dich werden.«

»Für mich?«

»Deel will auf und davon, und zwar bald. Sie hat mich gefragt, ob ich mitkomme nach Süden.«

»Verstehe. Und? Gehst du?«

»Ich weiß nicht.« Sie fing an zu lachen, machte den Rükken gerade, streckte sich übertrieben und verschränkte dann die Arme über der Brust. »Hör auf, mich zu drängen, Fuchs.« Plötzlich gähnte sie. »Madar, bin ich müde!« Sie schlug mit der Handfläche leicht auf den Mund und gähnte erneut. »Morgen früh – wir besprechen das alles morgen früh.«

Gleia setzte sich schlaftrunken im Bett auf, als die Tür aufflog und ein Harrier hereinstelzte. Shounach fuhr hoch wie ein erschrecktes Tier und warf sich mit einer raschen Bewegung aus dem Bett, fiel aber hin, da sich die Decke um seine Beine gewickelt hatte. Er trat sie zur Seite und machte einen Sprung nach seinem Sack.

Der Harrier brüllte einen Befehl, und Shounach hielt abrupt inne, ein langes Messer vor der Kehle. Ein dritter Mann kam nun herein, ein Bogenschütze. Zynische Blicke gingen zwischen Shounach und Gleia hin und her. Der Führer der drei winkte mit der Hand; Shounach wurde in die Zimmermitte gestoßen, und dort stand er; seine schmal gewordenen Augen suchten ringsum nach einer Fluchtmöglichkeit. Der Führer der Harrier warf dem Gaukler seine Kleider vor die Füße. »Zieh dich an«, sagte er barsch. Er wandte sich zu Gleia: »Du auch, Mädchen. Hopp, aufgestanden!«

Während Gleia den Kaftan über den Kopf zog und ihn über dem Körper glattstrich, ging der Harrier im Raum herum und stocherte in den mageren Habseligkeiten. Er warf die beiden Säcke aufs Bett und den unvollendeten

Schal dazu. Shounach schnallte seine Hose zu und steckte seine Arme in die Ärmel seiner losen offenen Jacke. Grimmig beobachtete er, wie der untersetzte Harrier seinen Arm durch die beiden Schulterriemen der Taschen schob und sie am Körper zurechtdrückte. Er wandte Shounach sein Gesicht mit gerunzelten Brauen zu.

»Der Lossal verlangt nach dir. Versuch keinen Mist. Herv hier hat 'ne deutliche Handschrift.« Er nickte hinüber zum Bogenschützen. »Wir können dich auf 'ne Stange binden und dich zu ihm schleppen wie ein Stück Fleisch. Du kannst auch laufen. Sag, was du willst.«

»Ich laufe.« Shounach hielt seine Hand hin. Gleia faßte sie, und zusammen traten sie aus der Tür, der Führer vorweg und die beiden anderen Harrier hinterdrein.

Der Regen hatte nachgelassen, der Asphalt glitzerte naß im Sternenlicht, das durch die Wolkenfetzen sickerte. Die Fackeln vor den Tavernen waren ausgelöscht, und alle Gebäude im Fremdenviertel lagen dunkel und still. Ganz in der Nähe hörten sie Rufe und die Geräusche der Händler, die mit ihren Wagen auf den Markt fuhren. Kein Laut war sonst zu vernehmen, außer dem Schlurfen ihrer Schritte auf dem nassen Asphalt.

Die Bibliothek war ein großer Raum, in dem sich Regale mit Pergamentrollen drängten und auf dessen Tischen Stöße von zusammengehefteten Papierseiten lagen. Zwischen den Rollen, Bündeln und Bücherstapeln waren kleine Statuen aufgestellt, Vasen und Objekte, die farbenfroh schimmerten. Die Ecken des Zimmers lagen noch in roter Dämmerung verborgen, als das Morgenlicht durch die schmalen Fensteröffnungen in der äußeren Mauer hereinfächerte und hie und da auf dem Balken tanzte wie feurige Funken. Der Lossal saß hinter seinem massiven Tisch auf einem massiven Stuhl mit niedriger Lehne. Er war ein kleiner Mann mit einer Fülle weißen Haares, die wie ein Heiligenschein um seinen Kopf stand und hie und da vom Licht, das hinter ihm durch das Fenster strömte, dramatisch rot beleuchtet wurde. Das rote Licht in seinem Rükken und der blutrote Schein auf seinem Haar ließ das übrige Gesicht im Dunkeln, so daß nur das bleiche Glitzern farbloser Augen zu sehen war. Da saß er und erwartete sie. Aufmerksam beobachtete er jede Bewegung, als die Harrier sie in den Raum führten. Der Führer setzte die beiden Taschen vor ihm auf den Tisch.

»Befehl ausgeführt, Lossal-vas.«

Der Stuhl und der Tisch standen auf hohen Beinen, so daß der alte Mann in Augenhöhe mit seinen Gefangenen war, obgleich er saß und jene standen. Sein fahler Blick glitt über den Gaukler und blieb an Gleia haften.

»Wieso bringt ihr mir die Frau?«

»Sie lag in seinem Bett, Lossal-vas.«

Gleia erbebte, als sie ihn die Brauen runzeln und dann aufblicken sah. *Deel hat nicht recht gehabt,* dachte sie. *Er weiß von Toreykyns Eskapaden. Er weiß über sie und Shounach Bescheid.*

Der Lossal beugte sich vor und zog mit gekrümmtem Finger Shounachs Sack zu sich heran. Er machte ihn auf und fing an, die Dinge herauszunehmen – die blauen Glaskugeln, die roten Kristallbälle, drei kleine vergoldete Drachen, einen vergoldeten Tänzer, der auf einem Fuß balancierte, ein paar Stückchen geschliffenes Glas, billigen Kupferschmuck, etliche verknüllte Tücher und schmierige Lappen, irgendwelche Scherben, alles mögliche andere Zeug. Er stürzte den Sack, schüttelte ihn, legte ihn dann zur Seite und stieß die Glaskugeln auf dem Tisch herum. Er lächelte Shounach dünnlippig an. »Die sehen besser im Fackellicht und auf die Ferne aus, Gaukler.« Er kehrte alles vom Tisch zurück in den Sack. Er ließ den Sack auf den Stuhl neben sich fallen und machte sich daran, Gleias Habseligkeiten zu begutachten. Nachdem er ihre Kaftans befingert hatte, griff er nach dem noch unvollendeten Schal. Gleia zwang sich dazu, ruhig zu bleiben. Wut über dieses Eindringen in ihre Privatsphäre brannte in ihrem Innern. Er faltete den Schal auseinander, berührte die Stickerei, die Nadel. Er schob den Schal beiseite und hob die beiden Taschentücher an die Augen. Er breitete sie auf dem Tisch vor sich aus und ließ seine Finger über die feinen Stiche gleiten. Er durchwühlte die restlichen Sachen in ihrem Sack: das Beutelchen mit den Fäden, das Nadelbüchlein, den Stickrahmen, das kleine Fadenmesser mit seiner rasierklingenscharfen winzigen Schneide im Hornetui, den zerzausten Pinsel und die paar Tuschesteine, die Pergamentblätter, die Gleia benutzte, um Entwürfe aufzuzeichnen. Er rollte das knittrige Pergament auseinander und besah die skizzenhaften Entwürfe. Nachdem er sie ein paar Minuten studiert hatte, schob er die anderen Dinge beiseite und zog den Schal erneut an sich heran. Er breitete das weiche schwarze Dreieck auf dem Tisch aus und ließ seine Finger langsam über die grünsilberne Stickerei und die kompliziert geknoteten Fransen gleiten.

In ohnmächtiger Wut kreuzte Gleia die Arme vor der Brust und weigerte sich, den Alten anzusehen. Es war still im Raum. Das einzige Geräusch war das Rascheln, mit dem die trockenen Finger des alten Mannes über das seidige Material fuhren, und das gleichmäßige Atmen neben ihr. Es roch trocken und staubig im Zimmer, der alte

Mann roch so, eine alte vertrocknete Spinne, die an den Fäden ihres bösen Planes webte.

Der Lossal ließ den Schal fallen und lehnte sich in seinem massiven Stuhl zurück. Er beherrschte mit der kalten Intensität seiner farblosen Augen den ganzen Raum.

»Bringt die Frau her zu mir!«

Gleia entwand dem Harrier ihren Arm und trat zum Tisch. Da stand sie und starrte den Lossal wütend an. Sie war zu wütend, um sich der kalten Furcht, die ihren Magen zusammenzog, bewußt zu werden.

Der Lossal beugte sich zu ihr und runzelte die Brauen. »Dreh dein Gesicht her!« Seine Augen öffneten sich ein wenig weiter. »Zeig mir das Mal!«

Widerstrebend wandte Gleia den Kopf. Sie bewegte sich steif, zwang sich zu einer Ruhe, die sie nicht wirklich fühlte. Ihre Finger zuckten, ihre Hand wollte sich heben, wollte ihr Gesicht berühren. Sie machte den Arm steif und zwang die Hand zurück an ihre Seite.

»Das Mal der Carhenas, Diebin?«

»Ja.« Ihre Stimme klang scharf. Obgleich er wartete und sie fühlen konnte, daß er auf eine Erklärung, eine Rechtfertigung wartete, sagte sie kein weiteres Wort.

Er legte beide Hände mit den Handflächen auf den Schal: »Deine Arbeit?«

»Ja.«

»Bist du seine Frau?« Er wies auf den Gaukler.

Gleia trat von einem Fuß auf den anderen. Sie sah in Shounachs unbewegliches Gesicht, dann hob sie die Schultern. »Im Augenblick, ja.«

Er griff über den Tisch und hob den schlaffen Geldbeutel auf. Seine Augen ließen sie dabei nicht los. Ein kleines böses Lächeln spielte um seine Lippen. »Das wirst du hier nicht brauchen.« Sein Lächeln wurde breiter, als er das Säckchen dem Führer der Harrier zuwarf. »Kleine Belohnung für gute Arbeit, Ciyger.«

Gleia schloß ihre Hände zu Fäusten, als sie zusah, wie das Geld, das Shounach und sie hart verdient hatten, so nachlässig verschenkt wurde. Wut und wachsende Angst bewirkten, daß sie sich bald warm, bald kalt fühlte; wieder einmal rettete ihre Kunstfertigkeit ihr den Hals, ihre Angst galt keinesfalls sich selbst. Was sie auf Zuwayls Schiff angefangen hatte zu begreifen, wurde nun unerträglich klar. Was Shounach zustieß, das stieß auch ihr zu. Sie war verwundbar wie nie zuvor. Der Gedanke bekümmerte sie und verunsicherte sie noch mehr. Wie sollte sie in Zukunft weiterleben?

»Tritt beiseite, Mädchen.« Der ungeduldige Befehl des Lossals riß sie aus ihren unglücklichen Gedanken. Hastig trat sie vom Tisch weg und sah zu, wie die Harrier Shounach nach vorne stießen.

Sie starrte ihn an. Er sah irgendwie verschlagen aus, gerissen. Er machte einen runden Rücken und streckte den Kopf vor. Ein demütiges Lächeln verzerrte seine Lippen. Unbewußt entspannte sie sich. Sie erkannte, daß der Fuchs sich so verhielt, wie der Lossal es von ihm erwartete. Er wollte erreichen, daß der Lossal ihn verachtete und so seine Fähigkeiten unterschätzte. Sie warf dem Lossal einen Blick zu und sah, daß er sie beobachtete. Wieder fühlte sie Unsicherheit in sich aufsteigen. Sie verschränkte die Hände hinter ihrem Rücken und versuchte, ihr Gesicht ausdruckslos zu halten.

Der Lossal betrachtete nun wieder Shounach. »Gaukler!« Seine Stimme war samtig. Gleia hörte, daß sich hinter dieser Weichheit eine bebende Freude regte, und ihr Magen wurde kalt wie ein Eisstück. Seine nächsten Worte überraschten sie nicht, sie hatte darauf gewartet, seit die Harriers über sie hergefallen waren.

»Sag mir, was du heute nacht im Garten getrieben hast?«

Das Lächeln verschwand schlagartig aus Shounachs Gesicht. Er sah erschreckt aus, und seine Nervosität nahm zu. Er rieb sich mit bebender Hand über den Mund und sah dabei zu Boden. Gleia war für den Augenblick vergessen und konnte so seine Darbietung endlich genießen. *Nichts ist überspielt,* dachte sie, *er hat sich wahrhaftig in einen völlig anderen Menschen verwandelt.* »Der Vogel hat mich aufgespürt«, murmelte er. Er zitterte, seine Augen rollten hilflos hin und her, als suchte er nach einem Ausweg aus seiner mißlichen Lage. Der Lossal wartete und trommelte mit den Fingern auf den Tisch. Shounach schien nun ganz in sich zusammenzufallen. »Ich bin ein Dieb«, sagte er dumpf. »Waren zu viele Leute auf den Gängen, ich konnte nichts wirklich Wertvolles in die Hand bekommen. Bin dann durch die Eingangshalle hinaus und wollte von außen in dieses Stockwerk einsteigen, dachte, ich finde hier was, das es wert ist, den Kopf dafür in die Schlinge zu halten.« Am Ende kamen seine Worte hastig, überschlugen sich, aber unter dem kalten, mißtrauischen Blick des Lossals verstummten sie.

Der Lossal beäugte Shounachs Gesicht. Die reptilienähnlichen Lider hingen schwer über seinem Blick. »Du könntest der Abschaum, den du zu sein vorgibst, wirklich sein.« Er winkte ab, als Shounach protestieren wollte. Eine ruckartige Kopfbewegung ließ die Harrier an den Tisch eilen. »Bringt ihn runter, sagt Ottan Eisenmeister, er soll ein wenig mit ihm spielen und rausfinden, was er weiß. Ich glaub nicht, daß er irgend was Interessantes entdeckt, deshalb braucht er sich keine allzu große Mühe zu geben, den Gaukler am Leben zu halten. Einer von deinen Leuten soll das Mädchen wegbringen.«

Gleia fuhr herum, sie preßte sekundenlang die Hände über den Mund und zwang sich dann, sie sinken zu lassen. Shounach ließ sich ohne weitere Proteste abführen, er sah sie nicht einmal mehr an. *Er hätte es durchziehen können,* dachte Gleia, *er hätte es durchziehen können, wenn nicht Toreykyn gewesen wäre.* Sie wandte ihr Gesicht wieder dem Lossal zu. Er hatte seine Hände auf dem Tisch gefaltet, ein kleines zufriedenes Lächeln spielte um seine Mundwinkel. Sie unterdrückte ein Schaudern. Sie hatte offenbar ein Geräusch gemacht, sie selbst hatte es nicht bemerkt, aber er fuhr herum und betrachtete sie genau. Sein Lächeln wurde breiter, als er ihr sorgenvolles Aussehen bemerkte. Er berührte erneut den Schal. Er beobachtete sie genau, während er das weiche Material zwischen den Fingern rieb und wieder glättete. Eine leichte Röte stand auf seinen Wangen, auch seine Nasenspitze rötete sich. Gleia fing an zu schwitzen. Sie schluckte, ein Gefühl, als tasteten seine Hände über ihren Körper, bereitete ihr Übelkeit. Er schob den Schal von sich. »Du hast geschickte Hände, Mädchen.«

Sie starrte ihn an.

»Hat doch keinen Sinn, dein Talent zu vergeuden.« Er erhob sich, strich das Gewand über seinen kleinen Stehbauch glatt und schritt durch den Raum auf den Wachtposten zu. »Bring sie in einem Zimmer im Dienertrakt unter, allein – nicht bei den anderen, stell eine Wache vor die Tür, damit sie nicht entweicht. Sieh zu, daß sie zu essen bekommt. Bring mir den Schal, wenn sie damit fertig ist.«

Er schlenderte hinaus und ließ Gleia vor Wut kochend im Raum zurück.

Der Harrier griff nach ihr. Sie zuckte zurück. »Ich brauch meine Sachen!« fauchte sie.

»Ich hab nicht den ganzen Tag Zeit«, knurrte er sie an.

Gleia ging, ohne weitere Worte mit ihm zu wechseln, um den Tisch herum. Minutenlang fühlte sie sich zu geschwächt, um weiterzukämpfen. Sie faltete ihre Kleider zusammen und schob sie in ihren Sack zurück, ohne sich um das ungeduldige Murmeln des Harriers zu kümmern; sie stieß mit dem Fuß gegen etwas auf dem Boden. Shounachs Sack lag neben dem Stuhl des Lossals. Mit zitternden Händen faltete sie das Taschentuch und steckte es ein. Der Harrier machte sich an der Tür zu schaffen und kümmerte sich nicht um sie. Sie bekam den Schulterriemen von Shounachs Tasche zu fassen und zog ihn über ihre Schulter. Sie schob den Riemen ihrer eigenen Tasche darüber. Sie ging langsam auf die Tür zu und versuchte ihre eigene Tasche vor die andere zu halten. Ihre Schultern rund als Zeichen der Unterwürfigkeit, um ihre Nervosität zu verbergen.

Der Harrier grunzte ungeduldig und drängte sie aus dem Zimmer. Er hatte es viel zu eilig, um sich um das zu kümmern, was sie bei sich trug. Er lief vor ihr her, den langen hohen Gang entlang, in dem ihre Schritte widerhallten, bis zu zwei Schwingtüren. Auf der anderen Seite der Türen war der Gang enger, Wände und Boden waren rauher. Ein paar Hornlampen beleuchteten den rohen Stein von Wänden und Decke. Die groben Matten auf dem Boden waren abgetreten, aber immer noch dick genug, um Schritte zu dämpfen. Sie kamen an verschiedenen geschlossenen Türen vorbei und später an einer Küche, in der es hoch herging. Gleias Magen zog sich zusammen, als der Duft aus den Kochtöpfen in ihre Nase stieg. Sie blieb stehen. Der Harrier war schon zwei Schritte weiter, ehe er bemerkte, daß sie nicht länger hinter ihm herlief. Er fuhr herum und wollte sie packen. Sie wich ihm aus. »Der Lossal hat gesagt, du sollst sehen, daß ich zu essen bekomme. Ich brauche beides, Nahrung und Kerzen.« Sie stand ihm hochaufgerichtet gegenüber, mit unnachgiebigem Blick. Sekundenlang war ihr gleichgültig, was geschehen würde.

Er konnte dieses Gefühl von ihren Zügen ablesen und wich ein wenig zurück. »Warte hier.«

Er ließ sie im Gang vor der Küche stehen. Sie war in Versuchung wegzuschlüpfen, konnte aber Shounach nicht im Stich lassen. Sie drückte seinen Sack gegen ihre Hüfte und fragte sich, was sie wohl gerade mit ihm anstellten. *Er kann jetzt nicht sterben. Es wäre absurd, wenn er jetzt stürbe.* Aber noch während sie dies dachte, wußte sie, daß im Grunde jeder Mensch jederzeit sterben konnte – ob das nun absurd klang oder nicht.

Der Harrier kam mit einem zugedeckten Tiegel zurück und mit einer Handvoll Kerzen. Er reichte ihr beides und drängte sie dann hastig den Gang hinunter. Nach ein paar Biegungen und Ecken packte er sie am Arm und schob sie in einen schmalen Raum. Nachdem er die Tür zugeknallt hatte, stelzte er davon. Sie warf die beiden Taschen auf die niedrige Pritsche und sah sich nervös um. Es gab ein kleines vergittertes Fensterchen und einen Tisch, auf dem ein alter wachsvertropfter Kerzenhalter stand. Sie stellte den Tiegel auf den Tisch und legte das Kerzenbündel daneben. Sie streckte sich, trat dann rasch zur Tür und zog sie auf.

Ein Harrier kam den Gang entlang, es war der, der sie hergebracht hatte. Er fing an zu laufen, öffnete den Mund, um zu sprechen. Sie schloß die Tür.

Zwischen Pritsche und Tisch gab es einen schmalen Gang, gerade breit genug, um hin und her gehen zu können. Das tat sie, wütend, verwirrt und voller Angst. Sie machte sich Sorgen um Shounach. Sie machte sich viel mehr Sorgen um Shounach als um sich selbst. Auf und ab, bis ihre Füße brannten. Hin und her, dabei rieb sie die feuchten Handflächen an den Rippen ab und fühlte den rauhen Stoff des Kaftans an ihrer Haut kratzen. Abrupt zog sie den Schemel unter dem Tisch hervor, setzte sich und hob den Deckel von dem Tiegel. Ein großer Brotkeil weichte dort im dicklichen Ragout. Es roch gut, und ihr Appetit regte sich. Sie fischte den Löffel aus der Bratensauce und fing an zu essen.

Der Morgen schleppte sich dahin. Wieder und wieder trat sie zur Tür, aber der Wächter stand immer davor. Sie versuchte mit ihm zu reden, aber er sagte nichts weiter als, sie solle wieder hineingehen und gefälligst dort bleiben. Sie arbeitete immer wieder an dem Schal und hörte auf, wenn ihre Hände zu zittern begannen, dann lief sie eine Weile im Raum hin und her, um sich erneut zu setzen und die Nadel durchs Material tanzen zu lassen. Ihre Gedanken kreisten endlos und müßig um Shounach und ihr eigenes Dilemma der Entscheidung.

Wenn sie und Shounach diesmal davonkamen, wollte sie ihn seiner verbissenen Suche überlassen und ihrer Wege gehen. In gewisser Weise schien dies der einfachste Weg, die bequemste Lösung. Sie würde sich überhaupt nicht verändern müssen, könnte so weiterleben wie zuvor. Sie würde den Schal verkaufen können oder ihn für die

Reisekosten in eine andere Stadt eintauschen. Dort konnte sie sich leicht selbst erhalten, ihre Fertigkeit bezahlte sich gut. Zeitweise schien ihr dieser Weg unwiderstehlich, das waren die Augenblicke, in denen sie es satt hatte, sich an die Bedürfnisse eines anderen Menschen anzupassen, ob dies nun ein Freund war oder ein Geliebter.

Deel hatte sie gefragt, ob sie mit ihr nach Süden ziehen wolle. Die Tänzerin war flink und praktisch. Sie repräsentierte einen Lebensstil, der Gleia seltsam und exotisch vorkam. Die Tänzerin faszinierte sie nicht nur als Person, sondern auch als Symbol.

Oder sie könnte mit Shounach zusammenbleiben, die Regeln des Paarlebens lernen, um sich immer wieder von ihm vergessen zu lassen, auf seiner Suche nach der Quelle der Ranga-Augen, um mit ihm in Gefahren hineinzuschlittern und wieder heraus; um in Schmerz, Furcht und Verwirrung zu leben. Aber niemals gelangweilt.

Spät am Nachmittag saß sie auf der Bettkante, den Schal auf den Knien. Ihre Gedanken drehten sich in endlosen Spiralen. Sie fuhr auf und versuchte zu lächeln, als Deel hereinflog. Die Tänzerin schloß die Tür und lehnte sich dagegen, Arme unter den Brüsten gekreuzt.

»Du sitzt ja ganz schön in der Patsche.«

»Wie hast du davon erfahren?« Gleia steckte die Nadel in den Stoff und faltete den Schal zu einem sauberen Viereck zusammen.

»Merd.« Deel lachte, stieß sich von der Tür ab und setzte sich neben Gleia. Sie legte ihre Hand auf Gleias Hand; eine kurze Geste des Trostes. Sie wand sich hin und her, bis sie, die Füße unter sich geschlagen, an die Wand gelehnt auf der Pritsche saß.

»Er hat mich hier reingeschleust, um für den Lossal zu

tanzen; er hofft wohl auf Pluspunkte, wenn ich ihnen gefalle. Uns Künstler stecken sie hier zu den Dienstboten.« Sie lachte leise. »Es sei denn, wir schliefen wie dein Gaukler, im Bett unseres Herrn. Wie dem auch sei, die Dienstboten summen deinet- und deines Freundes wegen wie ein Schwarm Nachtkriecher.« Sie gestikulierte mit ihren langen biegsamen Fingern zur Tür hin. »Der Wächter draußen hat mich mit Merd gesehen und deshalb reingelassen. Was zum Teufel hatte der Gaukler im Garten herumzuschnüffeln?«

Gleia fuhr mit den Händen über ihre Löckchen und schüttelte den Kopf. »Er hatte gute Gründe. Hast schon recht, Deel, wir sitzen in der Scheiße. Halt dich besser fern von uns.«

»Hau ab! Willst du doch damit sagen, oder?« Deel sog an ihrer Unterlippe und biß mit ihren kleinen weißen Zähnen darauf. »Die Dienstboten haben aber noch was Wichtigeres zu klatschen. Sie sagen, der Starey liegt wie aufgebahrt und atmet kaum noch, jede Minute könnte seine letzte sein. Hör mal her, ich hab' nicht die geringste Lust, mich in dieser stinkigen Stadt einpferchen zu lassen, während ein Haufen machthungriger Clans sich um das Stareynat balgen. Schlimm genug, wenn ich mich einem der Clans verschrieben hätte, so aber ist mir klar, daß Leute wie unsereiner zwischen den Fronten zermalmt werden. Meinst du, ich will drauf warten? Wir können noch aus der Stadt raus, nach Süden, wie ich sagte.« Sie machte ihre Bernsteinaugen schmal. »Den Gaukler würdest du wohl nicht vergessen können, oder?«

»Nicht, während sie ihn hier festhalten.« Gleia rieb sich nervös die Stirn. »Du weißt ja vielleicht, wo sie ihn eingeschlossen haben?«

»Kann ich rausfinden.«

»Sei bloß vorsichtig.«

»Das sagst du *mir*?« Deel grinste. »Ich werde so verdammt vorsichtig sein, daß niemand bemerkt, daß ich da bin. Kannst du mit 'nem Messer umgehen? Ich könnte uns welche besorgen.«

»Deel, ich bin auf der Gasse aufgewachsen. Weißt du, was das bedeutet?«

»Ja, nur zu gut.« Sie stieß sich vom Bett in die Höhe. »Ich geh jetzt besser zurück. Muß bald tanzen. Wird spät, wenn ich wiederkomme. So ist's besser, glaub ich. Die meisten Leute hier im Palast müßten dann schon schlafen.« Deel berührte Gleias Wange und verließ in einem Wirbel ihrer bernsteinfarbigen Lieblingsseide den Raum.

Die Kerzenflamme drohte in der kalten Zugluft vom Fenster her zu erlöschen. Gleia lief auf und ab, am Tisch vorbei. Ihr verzerrter Schatten zuckte dramatisch über die Wand. Als sie draußen Stimmen hörte, fuhr sie herum und blickte auf die Tür. Ein erstickes Röcheln, ein schwerer Fall, die Tür öffnete sich, und Deel stieg über den Körper eines am Boden liegenden Harriers und kam ins Zimmer. Sie beugte sich nieder und packte ihn am Arm. »Schnell, hilf mir!«

Gemeinsam zogen sie den toten Mann in den kleinen Raum. Als Gleia die beiden Säcke über die Schulter warf, sah sie auf den Harrier hinunter. Er war sehr jung, sie hatte vorher nicht bemerkt, wie jung er wirklich war. Sein Schnauzbart war dünn und blond, seine Nase pickelig, die Wange rot und sein Hals dünn wie ein Rohr. Deel zog ihr Messer heraus und wischte es an seinen Hosen ab. Sie sah Gleia an. »Mußte sein.«

»Weiß ich, trotzdem mag ich's nicht gerade gern sehen.«

Gleia rückte die Riemen der Tragtaschen zurecht und nahm dann das Messer entgegen, das Deel ihr reichte. Nach einem letzten Blick auf den toten Burschen folgte sie der Tänzerin aus dem Zimmer und zog die Tür hinter sich zu.

Während Deel durch den Korridor hastete, sagte sie leise: »Soweit ich das beurteilen kann, wird es unten keine Harrier geben. Der Lossal ist vor nicht allzu langer Zeit mit einem ganzen Trupp abgezogen. Es ist niemand in den Gängen, jedenfalls nicht in diesem Teil des Hauses. Wirkt alles so verlassen, als zitterte jedermann einsam in seinem Bett vor sich hin. Wetten, daß der Stareyn diesmal ins Gras beißt? Das ist ein Glück für uns, das hält die alte Giftschlange, den Lossal, in Bewegung.« Die Tänzerin faßte Gleias Arm und zog sie durch den Gang und um die Ecke. »Die Kellertreppe liegt gleich vor uns. Wir hören jetzt besser zu reden auf!« Sie überholte Gleia entschlossen und zog ihren dunklen Umhang fest um den Körper. Vor der schweren Tür hielt sie inne und öffnete einen Spalt, der groß genug war, um sie durchzulassen. Gleia, die ihr folgte, schloß die Tür hinter ihnen.

Sie befanden sich nun auf einer kleinen viereckigen Plattform am Kopf einer steilen Treppe, die, an die Wand geschmiegt, ohne Geländer nach außen, gefährlich zum Abgrund offenlag. Gleia drückte sich rasch an die Wand und weigerte sich hinunterzusehen. Deel warf ihr über die Schulter einen Blick zu. Sie lachte. Ihre Zähne glitzerten im unsteten Licht, das von der Fackel etwas tiefer ausging. Mit den Fingerspitzen an der Wand entlang streichend, eilte Deel leise und leichtfüßig die Stufen hinunter. Ihr Tänzerinnenkörper konnte leicht Balance halten. Gleia folgte ihr behutsamer und langsam. Die Dunkelheit neben der Treppe öffnete sich in einen riesigen stillen Kellerraum, der sich unter dem ganzen Gebäude hin erstreckte. Die Schwärze war unheimlich. Das leise Geräusch ihrer Schritte verstärkte sich, bis es fast dem rauhen rhythmischen Atmen eines gigantischen Tieres glich.

Am Fuß der Treppe hielt Deel sie auf. »Die Zellen liegen vor uns«, flüsterte sie. »Hier entlang.« Sie zeigte auf einen ein paar Schritte entfernten fackelerleuchteten Torbogen.

»Ich gehe vor und lenke den Wächter ab. Wenn ein günstiger Augenblick gekommen ist, machst du ihn kalt.« Sie ließ den Umhang von den Schultern gleiten, reichte ihn Gleia, strich das Haar aus der Stirn, leckte sich die Lippen, schüttelte die Arme und atmete ein paarmal tief ein. »Wart nicht zu lange, Schätzchen.« Ohne auf Antwort zu warten, näherte sie sich dem Torbogen, zögernd erst, dann aber mit dem ihr eigenen hüftenschwingenden Schritt.

Gleia eilte ihr nach. Als die Tänzerin durch den Torbogen verschwand, gab es ihr einen Stich ins Herz. Am Bogen angekommen, warf sie sich auf die Knie und rutschte näher, bis sie sehen konnte, was drinnen vor sich ging.

Deel lächelte den einsamen Mann in der Mitte des Raumes an. Er war ein grober Klotz mit hartem Gesicht, haariger Brust und kurzen O-Beinen, die in einer fettigen Hose steckten. Seine nackten Füße waren knotig wie Wurzeln. Er trug eine Lederschürze, die steif war von alten Flecken. Deel berührte seine muskelschwellenden Arme und kicherte neckisch. Als er nach ihr griff, tänzelte sie außer Reichweite.

Er knurrte sie an, kam um den Tisch, an dem er gesessen hatte, herum, blieb vor ihr stehen.

»Wer bist du, Mädchen? Was machst du hier?«

Deel umkreiste ihn enger, ließ einen rotbraunen Finger seinen Arm hinaufgleiten. »Wollte den stärksten Mann in

Istir sehen.« Wieder umkreiste sie ihn, ließ ihre Hände über die massiven Schultermuskeln gleiten, taucht wieder vor ihm auf, griff nach ihm, zog ihn zu sich herum, so daß sein Rücken Gleia zugekehrt war. »Komm, zeig mir, wie stark du bist.«

Der Mann warf sich täppisch in ihre Richtung, dabei stieß er mit seiner feisten Hüfte das Tischchen um. Er war ziemlich betrunken. Zwei leere Flaschen standen am Boden, und eine dritte rollte vom Tisch und zerbrach auf dem Steinboden. Deel tänzelte rückwärts, ihre Augen lächelten, flirteten mit dem Eisenmeister, während ihr Körper mit knapper Not seinen grapschenden Händen auswich und der geschlitzte Rock um ihre schlanken Beine wirbelte. Ihr herausforderndes Gekicher trieb dem Mann das Blut ins Gesicht. Er taumelte auf sie zu, packte ihren Arm, zog sie an sich heran.

Gleia stieß die Schulterriemen zur Seite, schlüpfte heraus, war schon auf den Füßen, stürzte zu dem Paar. Er hielt Deel hilflos gegen die Brust gepreßt, sein gieriger Mund klebte auf dem ihren. Gleia trieb ihm mit aller Kraft, die ihr zur Verfügung stand, das Messer zwischen die Rippen.

Mit einem Tiergebell warf er Deel gegen die Wand und fuhr zu Gleia herum. Seine animalische Kraft war ebenso beeindruckend wie seine Häßlichkeit. Gleia floh, ihr Inneres schwarz vor Entsetzen.

Der schwere Mann begann zu taumeln, stolperte, sein Gesicht wurde ausdruckslos, er hustete, spuckte Blut, fiel auf den Boden, vornüber aufs Gesicht und blieb so liegen. Gleia, der etwas übel war, warf Deel einen Blick zu. Die Tänzerin erhob sich langsam und trat neben den Eisenmeister, während sie sich immer wieder den Mund wischte und rieb. Sie trat ihm in die Rippen. Er gurgelte, bewegte leicht die Hände. Deel nickte Gleia ungeduldig zu. »Komm doch, hilf mir, ihn umzudrehen.« Die Tänzerin griff mit beiden Händen nach einem der dicken Handgelenke des Mannes. »Mach schon, ich weiß nicht, wieviel Zeit uns noch bleibt, wir brauchen seine Schlüssel, Gleia. Seine Schlüssel und zieh dein Messer raus!«

Sie arbeiteten minutenlang, ehe es gelang, den schweren Körper auf den Rücken zu drehen. Gleia schob ihr blutiges Messer unter den Lederriemen, der den Schlüsselring hielt, und schnitt ihn ab. Während Deel neben dem Torbogen Wache stand, hastete Gleia an den Zellen entlang.

In der dritten Zelle lag eine Gestalt auf der rohgezimmerten Plankenpritsche.

»Shounach«, zischte sie.

Die Gestalt regte sich, machte den Versuch sich aufzusetzen, fiel in sich zusammen. Mit zitternden Händen und keuchendem Atem versuchte Gleia die verschiedenen Schlüssel ins Schlüsselloch zu schieben, bis sich endlich einer umdrehen ließ. Als sie in die Zelle schlüpfte, wollte er sich wieder aufsetzen und mit den Handrücken an den Planken hochstemmen. Er hob den Kopf und verzog den zerschlagenen Mund zu einem kleinen Lächeln. »Was hat dich so lange aufgehalten?« Die Worte kamen undeutlich und langsam, kaum verständlich. Sie brauchte eine Weile, ehe sie richtig hörte, was er sagte. Er schlingerte heftig, kam aber schließlich zum Sitzen. Sie streckte die Arme nach ihm aus.

»Nein!« Das Wort wurde zwar flüsternd, aber mit großem Nachdruck hervorgestoßen. Sie wartete mit gekreuzten Armen, biß sich auf die Lippen, während er langsam und schmerzhaft aufstand. Im trüben Licht der Fackeln vor der Zelle erkannte sie, daß er nackt war. Sein Körper war mit Schnitten und Blutergüssen bedeckt. Sein Gesicht, zu einer grimmigen Schmerzensmaske verzogen, wirkte kaum noch menschlich. Er streckte einen bebenden Arm aus. »Darf ich mich auf dich stützen, Kamerad? Ich bin ein wenig zu kaputt, um Umarmungen auszuhalten.« Wieder waren seine Worte undeutlich, langsam gesprochen, mühsam formuliert. Sein Arm legte sich auf ihre Schultern, bis sie fast sein ganzes Körpergewicht trug. »Mach nicht zu schnell«, murmelte er.

Deel entfuhr ein Entsetzensschrei, als sie die beiden aus der Zellentür treten sah. Sie holte den Stuhl des Eisenmeisters herbei und half Gleia, Shounach daraufzusetzen. Sie trat zurück und hob eine Braue. »Gaukler, du bist übel zugerichtet.« Gleia biß sich auf die Lippen und schoß zum Torbogen. Sie kam zurück, den bunten Sack an die Brust gepreßt. Als er danach griff, schnappte sie nach Luft. Die Innenseite beider Hände, Finger und Handflächen war schwarz versengt, die Haut verkohlt und aufgesprungen.

Sie blickte vom Sack ratlos hoch in sein Gesicht. Sie wußte nicht, was sie nun tun sollte.

Shounach prüfte seine Hände und zog eine Grimasse. Er war böse zusammengeschlagen worden: sein Gesicht blau und verschwollen, sein Rücken rohes Fleisch von den Peitschenhieben, die sich wie rote Linien um den Brustkorb zogen und in unordentlich gezackten dunkelvioletten Wunden endeten. Auf seinem flachen Magen und an den Leisten konnte man Spuren eines glühenden Eisens sehen. Sein Mund verzog sich zu einem mühsamen Lächeln. Seine sonst so wandelfähigen Augen glitzerten grün zwischen den roten Lidern.

»Kamerad«, murmelte er und strich mit dem Handrükken über ihre Finger. »Du bist ein Schatz. Halt mir den Sack auf, Deel.«

»Was?« Die Tänzerin warf einen angstvollen Blick zum Torbogen hinüber und dann einen auf den gefolterten Körper des Mannes.

»Schau mal, ob du meine Kleider findest. Sie müßten irgendwo hier herumliegen.« Als sie sich abwandte, machte er eine Grimasse und öffnete und schloß die geschundenen Hände, dann fuhr er in den Sack hinein.

»Fuchs, soll ich das nicht lieber für dich tun?«

»Nein.« Er schwitzte, sein Gesicht verzog sich vor Schmerz. Er nahm ein kleines Lederetui aus dem Sack und ließ es auf seinen Schenkel fallen. Er griff noch einmal hinein und brachte eine dicke Rolle Verbandszeug zum Vorschein. Er lehnte sich behutsam zurück und schloß die Augen. »Stell die Tasche hinunter«, sagte er müde, »und mach das Etui für mich auf.«

Das Etui ließ sich leicht öffnen, als sie die beiden Seiten auseinanderspreizte. Sie folgte Shounachs Anweisungen, nahm eine blaßblaue Tablette aus einer Phiole und schob sie ihm zwischen die Lippen.

Während er verschnaufte und auf die Wirkung der Droge wartete, kam Deel mit seiner Jacke, seiner Hose und seinen Stiefeln zurück. Sie ließ sie neben ihm auf den Boden fallen. »Können wir die Sache nicht etwas beschleunigen? Ich bekomme alle paar Minuten das große Zittern beim Gedanken, daß jemand uns hier überraschen könnte.«

Sie winkte zum Torbogen hinüber.

»Du kannst ja gehen, wenn du willst.« Gleia begann, eine dickliche weiße Flüssigkeit auf Shounachs Wunden,

Blutergüsse und Verbrennungen aufzutragen. Deel, die vor Ungeduld seufzte, ging ihr dabei zur Hand. Gemeinsam bedeckten sie ihn mit dem schmerzbetäubenden Antiseptikum und begannen Gazestreifen um seinen Körper zu winden. Am Ende umwickelten sie seine Hände, führten die Gaze ordentlich über die Handflächen, und auf seine geflüsterten Anweisungen hin umwanden sie jeden einzelnen Finger, damit er sie gebrauchen konnte. Als sie damit fertig waren, erhob er sich noch ein wenig unsicher und bewegte zur Probe die steifen Finger.

Rasch zog er sich an. Als er die Füße in die Stiefel gestampft hatte, blickte er um sich. Seine Augen, grau vor Anstrengung, glitzerten unter der Wirkung der Droge und auch vor Schmerz. Gleia beobachtete ihn sorgenvoll, trat dann zum Torbogen und holte ihren eigenen Sack.

Er zog eine der blauen Kugeln heraus und richtete sich dann mit einem Stöhnen auf.

»Shounach?« Sie berührte seinen Arm, aber er kümmerte sich nicht um sie und marschierte los, etwas taumelig, und blieb vor der Leiche des Eisenmeisters stehen. Er ließ den blauen Ball auf die Brust des Mannes fallen und sah zu, wie er über den Bauch herabrollte und zwischen den Beinen des Mannes liegenblieb. Gleia bebte, als sie den Ausdruck seines Gesichtes bemerkte. Sie erinnerte sich an die Worte, die er ihr gesagt hatte. *Ich bin sehr nachtragend.* Sie schloß ihre Finger um sein Handgelenk, behutsam, um seine Brandverletzungen nicht zu berühren. »Shounach!«

Er blinzelte, langsam füllten seine Augen sich wieder mit Bewußtsein. Sein Gesicht glänzte von der Flüssigkeit, die sie auf seine Blutergüsse gestrichen hatte. Sein langes rotes Haar war verfilzt und dunkel von Blut und Schweiß.

Sie kaute auf ihrer Lippe, kehrte zu den Taschen zurück und schob beide Trageriemen über die Schulter.

Deel stand unter dem Torbogen und nestelte nervös an der Schnalle ihres Umhangs.

»Beide fertig?« zischte sie. »Wir fordern unser Glück heraus, wenn wir noch länger hier herumhängen.«

»Glaube, ja.« Gleia trat an Shounachs Seite und bot ihm ihre Schulter als Stütze an.

Deel stürmte voraus; Gleia und Shounach folgten langsamer. Sie erklommen die Treppe zum Dienerflügel. Der rauhwandige enge Gang lag verlassen und dunkel. Die meisten Hornlampen waren schon gelöscht.

Als sie gerade ein paar Schritte an der stillen und leeren Küche vorbeigegangen waren, rief Shounach Deel leise etwas zu und zerrte Gleia durch ein Türchen in ein kleines leeres Zimmer. Deel folgte nach und wollte soeben wütend fragen : »Was soll . . .«

»Still«, unterbrach sie Shounach. Er lehnte an der Wand und schloß die Augen. »Jemand kommt.«

Sekundenlang war nichts zu hören, dann näherten sich wirre Schritte, und man vernahm die tiefen Stimmen mehrerer Männer. Der Ton verebbte, aber der Gaukler wartete weiter. Schmerz und Müdigkeit zerrten an seinen Zügen. Endlich öffnete er die Augen und stieß sich von der Wand ab. »Alles klar – los!«

Deel wandte ihm ihre Bernsteinaugen zu, als er sich auf Gleias Schulter stützte. »Du bist vielleicht einer, Gaukler. Minutenlang fürchtete ich schon, einen schweren Fehler begangen zu haben.« Sie grinste und trat über die Schwelle. Der vertraute Schwung lag wieder in ihrem Gang. Gleia sah ein Flackern der Bewunderung in Shounachs glitzernden Augen und stupste ihn sanft in die Rippen. Er grunzte, grinste dann auf sie herab und zuckte, als ein Schnitt in seiner Lippe sich wieder öffnete. »Miststück!«

Sie schnüffelte. »Fuchs.«

Deel steckte den Kopf durch die Tür. »Los doch, ihr beiden Idioten!«

Rasch durcheilten sie das stille Haus. Als sie die Tür zum Garten erreicht hatten, hielt Shounach sie abermals zurück. Deel lehnte sich nah an ihn und flüsterte: »Ist jemand draußen?«

»Nein, die verdammten Eisenvögel.« Er schloß die Augen eine Sekunde und zog seinen Arm von Gleias Schulter, lehnte sich gegen die Wand. Die künstliche Energie, die die Droge verursacht hatte, begann abzuebben. Die Augen immer noch geschlossen, sagte er: »Gleia, bring meinen Sack her und halt ihn für mich auf.«

»Geht's dir gut?« Während sie ihm den Sack hinhielt, beobachtete sie ihn angstvoll.

»Nein.« Er griff in den Sack, Schweißperlen standen auf seiner Stirn. »Blöde Frage.« Er zog eine kleine Rute heraus und reichte sie Gleia. Er blickte sich über die Schulter nach Deel um, die vor Ungeduld und Nervosität herumhampelte.

»Halt noch eine Minute durch, Tänzerin.«

»Das ist die lahmste Flucht, von der ich je gehört habe. Wie gut, daß der Lossal in Kiralydom beschäftigt ist.« Sie zerrte ihren Umhang hoch über die Schultern.

Shounach drehte sich zu Gleia um und berührte das eine Ende der Rute. »Das mußt du halb herumdrehen und verdammt aufpassen, was du sonst noch dabei berührst.« Als sie gehorcht hatte, fuhr er fort: »Der schwarze Punkt ist der Sensor. Wenn einer der Eisenvögel auftaucht, ziel mit der Rute auf ihn, berühr den Sensor und schneid mit dem Strahl durch den Vogel. Benutz das Ding erst, wenn du wirklich mußt.« Einen Augenblick starrte er ausdruckslos vor sich hin. »Ich hasse es, diese verdammten Vögel in dieser Welt hier zu sehen.« Er beobachtete, wie Gleia die Hülle wieder über den Sensor zog. »Sei vorsichtig damit. Deel, laß mich auf deine Schulter lehnen, damit Gleia eine Hand frei hat.«

»Wurde auch Zeit!«

Sie durchquerten den Garten und blieben im Schatten der Mauer stehen. Deel sah hinauf. »Hoffe, du hast noch mehr Tricks im Ärmel, Gaukler. Glaub nicht, daß ich da raufklettern kann.« Sie betrachtete ihn erwartungsvoll, als wartete sie darauf, daß er ein neues Zaubergerät aus seinem Sack zöge. Aabs zunehmende Sichel kam hinter den Wolkenfetzen hervor. Das Silberlicht verwandelte die Tänzerin in eine exotische Gestalt, die im Garten völlig fehl am Platz schien.

Gleia hielt die Rute krampfhaft in der schwitzigen Hand. Ihre Augen ruhten auf seinem Gesicht. »Wirst du's schaffen?«

»Glaub schon.« Er rieb den Rücken seiner bandagierten Hand an ihrer Backe. »Du zuerst.«

»Nein.«

»Keine Diskussion. Hilf mir, mich zu setzen. Leg dich flach, sobald du oben bist. Hörst du?«

Sie nickte und half ihm, sich zu Boden gleiten zu lassen, bis er mit gekreuzten Beinen im Gras saß. Sie schob sich dicht an die Mauer. »Fertig, Fuchs.«

Sie fühlte, wie sich etwas um ihren Körper schloß, etwas Anliegendes, wie eine zweite Haut. Sie wurde gehalten, gehoben. Langsam stieg sie die Wand empor. Als sie oben war, schob er sie ein paar Zentimeter nach rechts und ließ sie fallen. Sie stolperte, ging in die Knie. Sie streckte sich im Schatten der dünnen Zinnen flach auf den Bauch. Am Fuße der Mauer schnappte Deel nach Luft und hob sich vom Boden. Sekunden später lag sie neben Gleia auf der Mauer.

Als Shounach auf der Zinne ankam, ließ er ruckartig los und klatschte auf die harten Steine, daß ihm die Luft pfeifend entwich.

Gleia berührte seinen Arm. »Fuchs . . .«

Seine geflüsterte Antwort kam langsam und von heftigen Atemzügen unterbrochen. »Bin . . . gleich . . . soweit . . . paß auf . . . Eisenvögel.«

Der Himmel war noch leer. »Nichts zu sehen«, flüsterte sie. »Ein paar Fackeln am Tor, Wachen, nehm ich an. Kein Vogel zu sehen.«

»Hilf mir hoch!«

Sobald er stand, strebte er fort und lehnte sich an eine Steinzinne. Er blickte hinab, winkte sie dann in die Öffnung neben sich. »Fertig?«

»Fertig.« Sie trat von der Mauer und fühlte die Haut sie auffangen und behutsam zu Boden tragen. Sobald sie unten angekommen war, sandte er Deel ihr nach und landete dann selbst neben ihnen. Er brach in die Knie und blieb so zusammengekauert hocken. Er konnte nicht aufstehen. Gleia kniete hilflos und verzweifelt neben ihm nieder. Sie konnte nichts tun, um ihm zu helfen, konnte nur bei ihm kauern. In Aabs Licht sahen seine Züge aschfahl aus, die Blutergüsse lilaschwarz. Deel fing an, auf und ab zu schreiten, sechs Schritte hin, sechs Schritte her. Der Saum ihres Umhangs flog um ihre kräftigen schlanken Beine.

Aus dem Marktviertel jenseits der Straße drang der Lärm rumpelnder Wagen, die Ware brachten. Die Fuhrwerke kamen von den umliegenden Bauernhöfen, es war Erntezeit, und überall wurden Säcke mit Getreide und Hackfrüchten transportiert. Vom Marktplatz trennten sie ein paar schmale Gäßchen, an denen kleine Läden lagen, die um diese Zeit verlassen und mit heruntergelassenen Rollos auf den nächsten Morgen warteten. Auch die Wohnräume, die über den Verkaufsräumen lagen, waren hinter geschlossenen Läden verborgen.

Shounach hob den Kopf und ließ ihn gegen die Mauer fallen. Sein Blick verfolgte Deel, deren Körper vor unterdrückter Energie förmlich knisterte. Gleia, die es bemerkte, grinste. »Wir machen uns besser wieder auf die Socken«, murmelte sie, »ehe dieser Sprengkörper in die Luft geht.«

Deel flitzte voraus, rannte vor ihnen her und kam wieder zurück. Die beiden anderen aber krochen langsam die enge Straße entlang, an den Fassaden der geschlossenen Läden vorbei. Als sie das Ende der Gasse erreichten, lehnte Shounach sich bleischwer auf Gleia, er strauchelte nun immer häufiger. Schmerz und Erschöpfung begannen, nun, da die Wirkung der Droge nachließ, die Oberhand zu gewinnen. Er blieb stehen und betrachtete das geschäftige und lärmende Markttreiben, das vor ihnen lag. »Das schaffen wir nicht«, murmelte er. »Laß mich eine Minute ausruhen. Ich muß nachdenken.«

Mit einem dumpfen Schmerzenslaut setzte er sich auf die Stufen einer Treppe, die außen an einem der Läden hinauf zu den Wohnräumen führte. Gleia ließ sich neben ihn fallen. Deel kam hüftenschwingend zurück, lehnte sich an das wackelige Geländer und betrachtete die beiden von oben. Shounach öffnete die Hände, an den Falten der Verbände hatten sich dunkle Flecken gebildet. »Reich mir den Sack.« Seine Stimme klang heiser, angestrengt.

Gleia hielt die Tasche auf, während er darin herumkramte. Als er das Lederetui zum Vorschein brachte, öffnete sie es für ihn und griff nach der Phiole mit den blauen Tabletten. Sie berührte sie zögernd. »Sag mal, wie gefährlich ist das Zeug eigentlich, Fuchs?«

Im Fackellicht glitzerten seine Augen blau auf. Er sah an ihr vorbei zu der dunklen Masse des Lossalhauses hinüber, das sich drohend gegen die bleichen Wolken abhob. Sekundenlang trat ein irrer Ausdruck in sein Gesicht und verschwand sogleich wieder. »Etwa so gefährlich, wie wenn ich mich greifen ließe.« Als er die Droge schluckte, bebte ein tiefer Gongschlag über die Stadt hin. Gleia sprang auf die Füße. Deels Hand verkrampfte sich um das Geländer. Sie sah krank aus.

Shounach stand auf. »Deel, ist das der Alarm?«

Sie schüttelte den Kopf. »Sieh nur!« Sie wies hinüber zu dem Getümmel, das unter den Menschen entstand. Sekundenlang hatten die Wagenlenker wie erstarrt innegehalten, nun peitschten sie ihre Zugtiere. Ein Wettlauf auf das Stadttor begann, das am Ende der breiten Straße lag. Die Fliehenden achteten nicht darauf, was sich ihnen in den Weg stellte. Als Deel sprach, wurde ihre Stimme vom Getöse des großen Gongs fast erstickt. Ein Ton folgte dem anderen ohne Pause, bis die Luft über der Stadt davon zu zittern schien. Sie beugte sich näher und brüllte: »Unser Glück hat uns verlassen. Das ist das Zeichen! Der Stareyn ist tot, und sie werden die Stadttore verriegeln. Wenn die mal zu sind, kommt kein Mensch hier hinein oder heraus.«

Shounach sah an ihr vorbei zu den Stadtmauern auf, die sich am entfernten Ende des Marktplatzes hoch über die Dächer erhoben. »Patrouillieren Wächter auf den Mauern?«

Deel verstand, und sogleich verschwand die Verzweiflung aus ihren Zügen. Sie hob das Gesicht, ihre Augen glitzerten vor Erregung. »*Noch nicht,* jetzt noch nicht«, sang sie und tanzte fort, nur um wieder stehenzubleiben und das unbeschreibliche Durcheinander auf dem langen rechteckigen Platz zu betrachten. Der Lärm war entsetzlich; Wagen, Karren, Zugtiere, Händler, Kutscher, alle schienen unentwirrbar miteinander verknotet zu zappeln. Sie wandte sich nach dem Gaukler um und hob die Brauen. Langsam trat er an ihr vorbei und besah sich das Chaos, dann begann er am Rande entlang in die vom Stadttor abgewandte Richtung zu gehen. Im zuckenden Licht der Marktfackeln leuchtete seine hohe dünne Gestalt immer wieder auf. Deel sah Gleia an. Wieder hoben sich ihre Brauen. Gleia schüttelte den Kopf. »Weiß auch nicht!« brüllte sie. »Er hat irgend etwas vor.« Sie rannte ihm nach, Gleia müde und mit leisem Grimm, Deel erregt. Sie fing an, sich zu amüsieren. Ihre langen Beine machten schwungvolle große Schritte.

Gleia rückte die Taschen zurecht und folgte Deel. Sie sah, wie die Tänzerin Shounachs Arm griff und neben ihm herlief. Sie seufzte. *Komplikationen!* dachte sie. *Wenigstens sieht sie nicht aus wie sein ermordeter Bruder. Aber ist das nun ein Vorteil oder ein Nachteil? Zum Teufel mit beiden, sollen sie sich doch gegenseitig Gesellschaft leisten, ich kann ohne die beiden auskommen.* Sie rieb sich den Nacken. Er prickelte, als starrte sie jemand von hinten an. Das Prickeln wuchs, wurde zu einer brennenden Vorahnung, als sie sich der Stadtmauer näherten. Sie beschleunigte ihren Schritt und überholte Shounach von links. Er schwitzte wieder. Sorgenvoll betrachtete sie seine glasigen Augen. Sie berührte seine Hand. Durch die Gazebinden fühlte sie, wie seine Haut glühte. *Fieber,* dachte sie. Wieder rieb sie ihren Nacken und hob angstvoll den Blick. Einige unregelmäßige Wolkenfetzen trieben über Aabs und dann über Zebs Gesicht. Der kleine Mond stand höher, aber auch er trug zur Beleuchtung der Straße bei. *Es ist viel zu hell hier,* dachte Gleia. Sie zitterte.

Mit einemmal hörte der Gong auf zu tönen. Hinter ihnen schien sich das Gewühl auf dem Platz langsam zu beruhigen. Sogar der Lärm verstummte. Die Fensterläden der Wohnungen über der Straße begannen sich zu öffnen. Gleia bemerkte mehrere Köpfe, die herausgestreckt wurden, fühlte neugierige Blicke, die ihnen folgten.

Ein Mann rief ihnen von oben etwas zu und fluchte, als sie keine Antwort gaben. Das Summen vieler Stimmen schwoll an.

Shounach blieb im tiefen Schatten unter der großen Stadtmauer stehen. Er atmete tief ein, und im Ausatmen sah er auf Gleia herab. In seinen Augen stand eine Frage und eine große Müdigkeit. »Ich weiß nicht . . .«

»Ich glaube, du schaffst es, Fuchs.« Unruhig zuckte sie mit den Schultern. »Ich glaub, du solltest sofort anfangen. Ich habe ein schlechtes Gefühl, mein Nacken juckt.«

Deel legte den Kopf in den Nacken und blickte voller Zweifel die hohe Mauer hinauf, dann über die Schulter zu den Menschen, die hier und da neugierig auf das seltsame Trio herabäugten. »Mach besser schnell, jeden Augenblick kann es diesen dummen Gaffern einfallen, sich Pluspunkte zu verdienen, indem sie uns verraten.«

Shounach lehnte sich mit dem Rücken gegen die Mauer, ließ sich abrutschen, bis er mit gekreuzten Beinen auf dem schmutzigen Pflaster saß. »Stell dich so nahe an die Mauer, wie du kannst, Kamerad.«

Die Haut schloß sich eng um sie, hob sie. Diesmal ging es nicht so leicht und glatt wie zuvor an der inneren Mauer. Sie fühlte seine Anstrengung, als sie sich hob, stehenblieb, weiter stieg und wieder stehenblieb.

Als sie schließlich die Zinne erreichte, strauchelte sie, als er sie losließ, und taumelte eine Sekunde am Rand des Abgrunds entlang. Sie fing sich aber und kniete nieder, um hinunterzusehen. Er atmete heftig – seine Schultern waren nach vorne gewölbt, sein Kopf zitterte.

Deel trat an die Mauer und hob sich ebenso ruckartig wie Gleia und mit langen Pausen. Als sie hoch genug war, faßte Gleia sie um die Taille und zerrte sie auf die Mauer.

Unten begann sich die Straße mit Neugierigen zu füllen. Leute kamen die Treppen herabgeeilt und begafften den am Boden sitzenden Gaukler und die beiden Frauen, die auf der Mauer knieten. Gleia beobachtete einen Mann, der sich aus der Gruppe löste und die Straße hinunterrannte. Sie sog heftig die Luft ein und fühlte ihr Herz schmerzhaft gegen ihre Rippen hämmern.

»Mach schon, Fuchs«, flüsterte sie. »Komm!«

Langsam begann er zu steigen. Sein Körper war steif vor Anstrengung. Er sank, stieg wieder auf. Die Menge drängte sich näher, aber nun regte sich bereits Mißbilligung unter den Leuten. Der Körper des Gauklers hob sich wieder mit einem Ruck. Zwei Männer näherten sich und machten dann zwei Sätze, um sich seine Füße zu schnappen. Mühsam stieg er höher, ihre Hände streiften seine Stiefel, aber dann blieben sie zurück.

Gleia und Deel fingen ihn auf, als er den Rand der Mauer erreichte. Sie rollten ihn neben sich auf die Steinbrüstung. Shounach lag zitternd und keuchend, ein paar kalte Regentropfen fielen herab. Gleia kniete neben ihm, das Jucken ihres Nackens wurde immer stärker. Sie strich über Shounachs Gesicht. Es war glühend heiß.

»Er ist in einem üblen Zustand.« Deel hob den Kopf, sprang auf und sah auf die bösartig murmelnde Menge hinunter. »Wenn wir nur ein Stückchen Seil hätten!«

»Schön, aber wir haben nun mal keins.« Gleia hockte sich auf die Fersen und versuchte, den dichten Wolkendunst über der Stadt mit den Blicken zu durchdringen. Regen fiel in dicken Tropfen, immer rascher. Wind hatte sich erhoben, drängte das schwere Material des Kaftans gegen ihren Leib, wühlte in ihren Locken, kitzelte ihr Gesicht. Es war ihr, als sähe sie, wie sich das Fackellicht im Himmel widerspiegelte, metallisch aufblitzte. Da kreisten metallene Partikel über der Stadt und glühten auf wie Funken im Wind. Sie grub in ihrer Tasche, brachte die kleine Rute zum Vorschein und sah wieder zum Himmel auf. »Deel.«

»Was?« Die Tänzerin trat vom Rand der Mauer zurück, die Streifen befleckter bernsteinfarbener Seide wirbelten um ihre Beine.

»Hilf mir, den Gaukler anders hinzulegen.«

Die beiden Frauen hoben und zerrten den Mann, bis er am Fuß der Zinnen lag. »Bleib bei ihm«, murmelte Gleia. Sie entfernte sich von den beiden, stand mitten auf der breiten Mauer still und starrte gespannt hinauf in die Dunkelheit. In ihr hob sich die Vorahnung der Gefahr wie ein Geysir vor dem Ausbruch. Nervös betastete sie die Rute, wünschte sich, daß sie verzaubert wäre: die magische Waffe, deren sie nun bedurfte, denn sie fürchtete sich vor den Dämonenvögeln. Diese Bestien waren keine Vögel – ihre messerscharfen Klauen waren naß vom Gift. Sie nahm alles zusammen, ihre Dickköpfigkeit, ihr Entsetzen, ja selbst ihre Angst, nahm alles zusammen und machte sich stark damit; sie fügte auch das hinzu, was sie von Meeresgeborenen gelernt hatte, die noch die Erinnerung an ihre verlorene Technologie gespeichert besaßen. Sie beschwor im Geist das Bild ihres Adoptivvaters. »Es ist nichts weiter als eine Maschine«, flüsterte sie. Hinter sich hörte sie Deel sich regen, sie achtete nicht darauf. Rufe stiegen aus der Menge, Steine prallten an die Mauer. Sie achtete auch darauf nicht. Sie fuhr fort, den schwarzen Himmel nach den kreisenden Funken abzusuchen, sie wartete darauf, daß einer oder mehrere von ihnen näher kämen.

»Der Lossal ist wieder in seinem Haus«, sagte sie plötzlich.

»Was?« Deels Stimme klang scharf. Sie war angespannt vom Warten. »Woher weißt du das?«

»Die Vögel sind los.« Gleia deutete auf die roten Flekken, die durch die Dunkelheit zuckten, als ritten sie auf dem immer stärker werdenden Wind. Hinter ihr entstand eine entsetzte Stille, dann hörte sie Shounach und Deel leise miteinander sprechen. Gleia vernahm ein leises Kratzen auf den Steinen, als die Tänzerin dem Gaukler half, sich aufzurichten.

»Gleia!«

»Ich habe ja die Rute, Fuchs. Du ruhst dich jetzt bitte aus.« Sie biß sich auf die Lippe und rieb sich die Augen. Einer der Funken brach aus der Formation aus und näherte sich der Mauer. Er kam auf sie zugeflogen und strich etwas fünf Fuß über den Zinnen an ihnen vorbei. Gleia sah ihm entgegen, drehte die Schutzhülle vom Sensor und zielte mit der Rute auf das rotfunkelnde glitzernde Metallwesen.

»Gut so, Füchslein.« Shounachs Stimme war ruhig und fest. Er flößte ihr Selbstvertrauen ein. »Berühr noch nicht den Sensor. Wart ein bißchen . . . wart . . . und jetzt!«

Gleia berührte den schwarzen Punkt mit dem Zeigefinger und ließ die Waffe beinahe fallen, als ein Strahl intensiven weißen Lichts dick wie ihr Finger durch die Luft zischte. Nun hielt sie die Rute ruhig in der Hand und hob den Strahl, bis er den polierten Metallkörper des Vogels aufblitzen ließ. Der Strahl traf den Vogel, glitt über ihn hin. Sie rang nach Luft. Der Vogel schmolz und explodierte kurz danach. Die Trümmer rieselten auf die Steine wie ferner Regen. Hastig zog sie die Hülle über den Sensor und fühlte sich etwas beunruhigt von der Kraft, die sie hier in Händen hielt.

»Hilf mir auf.« Shounachs mühsame Bewegungen ließen sie umschauen. Deel richtete den Gaukler protestierend auf, bis er aufrecht saß, an die Zinne gelehnt. Er blickte um sich. »Gleia.« Seine Augen glänzten im Fieber.

Sie beugte sich über ihn, berührte sein Gesicht und schüttelte den Kopf. »Nein, diesmal gehst du zuerst, Fuchs. Wenn du unten bist, holst du uns nach.«

Er griff nach ihr, sie wich zurück. »Nein.«

Deel zitterte. »Tu doch was, verdammt noch mal, wir müssen hier weg!«

Shounach blickte an Gleia vorbei zu dem Haus hinüber. Mit einemmal lächelte er, mehr ein Zähnefletschen als ein Lächeln.

»Noch eine Minute«, murmelte er. »Eine Minute . . .

Minute ... Minute.« Er hielt inne und schüttelte den Kopf. »Gut jetzt!« Er drehte sich unsicher um und trat von der Mauer.

Deel schnappte nach Luft. »Der fällt wie ein verdammter Stein. Oh ... gut, er hat sich gefangen, ehe er unten aufschlug.« Sie warf Gleia einen Blick zu. »Er wartet auf dich.«

Gleia rieb sich müde über ihre brennenden Augen. »Nein, du als nächste. Da kommt schon wieder ein Vogel. Ich muß mich um ihn kümmern.«

Deel sah hinab, dann nach oben zu dem sich nähernden Vogel. »Na schön, dies wäre wohl ein schnellerer und schönerer Tod, als es der Lossal mir zuteil werden ließe.« Sie fuchtelte kurz mit den Armen und trat ins Leere. Sekunden später hörte Gleia einen erschreckten Aufschrei und wußte, daß die Tänzerin sicher auf dem Grund gelandet war.

Der zweite Vogel näherte sich langsamer als der erste und flog in einer zögernden Zickzacklinie. Sie konnte nicht mit der Rute auf ihn zielen, konnte nicht voraussehen, wo er im nächsten Moment sein würde. Sie preßte die Lippen zusammen und wartete darauf, daß er die Stelle erreichte, an der der andere Vogel explodiert war. Sie berührte den Sensor und schwang den Strahl im Bogen. Sie durchtrennte den Vogel und empfand eine tiefe Befriedigung, als er auseinanderbrach und sie seine Bruchstücke unter sich aufs Plaster regnen hörte.

Sie wartete noch ein wenig und suchte den Himmel nach weiteren Vögeln ab, schob dann die Hülle über den Sensor und steckte die Rute in ihre Tasche. Sie lief zu einer Öffnung in der Zinne. Shounach lehnte auf Deel gestützt, beide starrten angstvoll herauf. »Ich komme!« rief sie. Sie trat von der Wand, schreckliche Augenblicke stürzte sie im freien Fall, der Kaftan bauschte sich um ihren Körper und bremste sie ein wenig. Dennoch landete sie ziemlich hart auf dem Boden, mußte in die Knie gehen und bekam sekundenlang keine Luft mehr.

Deel half ihr auf die Füße und stöhnte dann auf vor Furcht. Gleia folgte ihrem Blick und sah zwei weitere Eisenvögel über den Platz kreisen, an dem sie soeben noch gestanden hatte. Sie suchte in ihrer Tasche nach der Rute und sah Shounach fragend an.

Da stand er und schwankte ein wenig. Der Wind zauste sein zotteliges rotes Haar. In seinen fiebrigen Augen stand ein wildes triumphales Glitzern. »Shounach!« rief sie. Er hörte sie nicht. Oder ignorierte er sie? Für ihn gab es sie in diesem Moment nicht, für ihn gab es nur die Mauer und die Vögel.

Sie ließ sich auf den Boden fallen, zog die Knie an die Brust. Sie war es müde zu kämpfen und wartete nun ab. Deel schritt an ihr vorbei. Der Umhang flappte, die bernsteingelbe Seide schlug um ihre langen Beine. Nicht weit von ihnen entfernt schimmerte der Fluß mit seiner glänzenden geriffelten Oberfläche, flüsterte am niedrigen Steinkai vorbei, dem Meer zu. Hinter der Stadt öffnete er sich zu einer breiten flachen Bucht, einem Hafen, in dem eine Reihe großer Meerfahrerschiffe verankert lagen. Kleinere Boote waren am Pier vertäut. Die Seeleute befanden sich in der Menge, die vor den Toren der Stadt am Kai auf und ab schwärmten. Deel wandte sich ab und kam zu Gleia zurück. »Eins dieser Schiffe könnte uns wegbringen. Wenn du dir wegen der Passage Sorgen machst – ich hab Geld genug.«

Gleia sah erst die Freundin an und dann Shounach. *Das*

ist das Ende, dachte sie. *Ich kann mich nicht mehr treiben lassen.* Sie schloß die Augen. *Ich muß wählen, Shounach oder Deel, oder keinen von beiden. Schlimm ist nur, daß ich weiß, wie mein Leben aussehen wird, wenn ich den einfachsten Weg wähle. Tagaus, tagein, immer gleich, ohne Überraschungen. Kein Schmerz, keine Furcht und kein Kummer, aber auch kein Hoch. Sehr gemütlich könnte es sein. Ich könnte heimkehren und äußerst zufrieden mit meinem Temokeuu-Vater leben. Und zu Tode gelangweilt sein. Am Ende uns beiden weh tun. Nein. All dem werde ich den Rükken kehren. Was für einen Sinn soll es haben, zurückzukehren? Deel. Ich mag sie. Freundschaft ohne die Komplikationen von Sex. Auch die habe ich genossen. Jevati-Schwester.* Sie lächelte liebevoll, als sie an das schlanke silbergrüne Meer-Mädchen dachte. Sie sah zu Deel hinüber, die sich wieder abgewandt hatte und aufs Meer hinausstarrte. Die Versuchung war groß und doch ... Sie wandte den Kopf und sah zu Shounach hinüber. *Ich habe das eigentlich nie in Frage gestellt,* dachte sie. *Ich wollte es mir nur nicht eingestehen. Ich brauche ihn. Ich habe noch nie jemanden gebraucht. Das gefällt mir nicht. Es schmerzt. Es ist schwer, ein Gefährte, ein Kamerad zu sein, wie er es nennt. Es fällt mir schwerer als alles andere, was ich bis jetzt getan habe.* Sie zitterte. *Es macht mir höllische Angst!* Steif, schwerfällig richtete sie sich auf und ging langsam über den steinigen Boden auf Shounach zu.

Sie berührte seinen Arm. Seine fiebrige Haut glühte, selbst durch den schweren Stoff des Jackenärmels. Sie sah zu ihm auf, und Angst begann sich in ihr zu regen. Seine Intensität erschreckte sie noch zusätzlich: Er schien nichts um sich her zu bemerken als die Stadt. Er fühlte nicht einmal ihre Hand auf seinem Arm, er wußte nicht einmal, daß sie da war. *Es fängt an,* dachte sie. *Madar, werde ich je in der Lage sein ...*

Der Himmel über der Stadt schien sich zu öffnen. Eine blaue Flamme fächerte hinter der Stadtmauer empor, blendete ihre Augen, bedeckte ein großes Stück des Himmels. Fast gleichzeitig hörte sie die Explosion, der Knall machte sie fast taub. Neben ihr begann Shounach zu lachen. Sie konnte sein Gelächter nicht hören, aber es war schlimm genug, es zu sehen. Sie hörte seine Worte, sie echoten durch ihren Geist wie vorher die mächtigen bebenden Gongschläge durch die Straßen. »*Ich halte die Wut am Kochen. Ich bin sehr sehr nachtragend.*« Sie sah sein Gesicht, als der blaue Ball über den Bauch des Eisenmeisters rollte und zwischen seinen Beinen liegenblieb.

Er warf ihr, noch immer lachend, den Arm um die Schulter, dann fühlte sie ihn gegen sie sacken, und als sie ihm ins Gesicht sah, war der schmerzhafte Irrsinn daraus verschwunden. Er sagte etwas, aber ihre Ohren klingelten noch immer, und sie konnte ihn nicht verstehen. Sie schluckte, schluckte wieder, fühlte, wie das Klingeln nachließ. Sie wand sich unter seinem Arm hin und her, bis sie sein Gewicht bequemer stützen konnte. Als sie die richtige Haltung gefunden hatte, lächelte sie zu ihm empor. »Was hast du gesagt, Fuchs?«

»Kommst du mit mir?« Er sprach langsam und mit großer Anstrengung.

»Wenn du mich ertragen kannst.« Sie zögerte und fügte hinzu. »Leicht wird's nicht. Ich . . . gehe schnell hoch.«

»Ich weiß. Wir sind ein schwieriges Paar – meine kleine Füchsin.« Er zog sie herum, bis sie die kleineren Piers am entfernten Ende der Mole sehen konnten. »Wir brauchen ein Boot, ehe ich zusammenklappe. Wenn ich erst mal umfalle, Geliebte, werd' ich lange Zeit liegenbleiben.«

Gleia begann langsam nach Osten und zum Flußufer zu

wandern. Shounachs Gewicht lag schwer auf ihr. Hinter ihr erklang das Stakkato schneller Schritte, Seide wirbelte, Deel überholte sie. »Hast du dich entschieden?«

»Ich gehe flußauf mit dem Gaukler.« Sie warf Shounach einen Blick zu. Seine Augen waren glasig. Er taumelte halb ohnmächtig dahin. Er war kurz vor dem Zusammenklappen, wie er es nannte. »Das heißt, wenn wir's bis zum Fluß schaffen.«

Bernsteinaugen verengten sich zu Schlitzen, Deel lief vor ihnen her, rasch, ihre Füße glitten gewandt über den steinigen Grund, als sie rückwärts vor Shounach tänzelte und ihn prüfend betrachtete, um festzustellen, wieviel Kraft er noch hatte. Sie nickte, schlüpfte auf seine freie Seite und schob ihre Schulter unter seine Achsel, um Gleia beim Stützen zu helfen.

»Habt ihr was dagegen, wenn ich mitkomme?«

Die einzelnen Regentropfen vermischten sich nun zu einem stetigen Geriesel, das der Wind stoßweise gegen ihre Rücken trieb. Gleia schaute über Shounach weg in Deels Gesicht.

»Wenn du willst.« Sie lächelte. »Wenigstens wird dir nicht langweilig werden.«

Deel lachte los, und während sie sich durch den Regen zu einem kleinen Steg schleppten, an dem mehrere unbewachte Boote schaukelten, kicherte sie immer wieder vor sich hin. Als sie neben einem der Kähne stehenblieben, warf Deel einen Blick auf die noch immer glühende Stadt zurück und dann flußauf. Die Wolken hatten sich undurchdringlich und schwarz am Himmel zusammengezogen und ließen weder Mond noch Sternenlicht durchdringen. Der Fluß wälzte sich darunter in tiefer Dunkelheit dahin. Deel ließ ein tiefes, kehliges Kichern hören, als sie

Gleia dabei half, Shounach in ein Boot zu manövrieren. »Nein, meine Freundin, wenn wir den Gaukler bei uns haben, werden wir uns kaum langweilen.«

Aus dem Amerikanischen übersetzt von Keto von Waberer

H. RÜDIGER HIPP

Fahrt zur Grenze

Er hatte seine Kraftstoffbezugsberechtigungsscheine noch am frühen Morgen in seinem Wohnbezirk eingelöst. Die Seriennummern waren jetzt zusammen mit seiner Personenkennziffer registriert; hätte er die Scheine unterwegs verbraucht, so wäre seine Spur leicht zu verfolgen gewesen.

Der Wagen rollte auf dem Genehmigten Ferienfreeway nach Süden. Um ihn herum bewegten sich die Autos mit der zulässigen Höchstgeschwindigkeit von neunzig Stundenkilometern, die sie wegen ihres kleinen Hubraums ohnehin kaum überschreiten konnten. Die stolzen Autobesitzer am Steuer wirkten schon vor ihrem Urlaub entspannt; kaum einer, dem die Freude nicht von weitem anzusehen war, die er empfand, weil er als Individualfahrer in eines der beiden verbliebenen Ferienpartnerländer reisen durfte.

Als Carl im Büro der United Fuel neun Liter der üblichen Standardmischung verlangt hatte, war im Gesicht des Angestellten Mißtrauen aufgestiegen, doch dann hatte er mit schläfriger Miene seine Routineaufgaben erledigt. Eine stichhaltige Begründung für den Sofortbedarf war erst ab zehn Litern vorgeschrieben. Der Mann hatte die Daten wortlos in seinen Terminal eingegeben und neun Litermünzen abgezählt.

Carl hatte die Münzen an der Zapfsäule eingeworfen und den Treibstoff, der für eine Fahrt von knapp dreihundert Kilometern reichen würde, bis auf den letzten Tropfen in den Tank gefüllt. Die Werbeflächen um ihn herum, die früher jahrelang ungenutzt geblieben waren, hatten neue Abwandlungen vertrauter Slogans verkündet: *Freie Fahrt für freie Menschen; Ich genieße meine Freiheit.* Die fröhlichen Autoinsassen auf den Plakaten hatten ihre Indentitätskarten vorschriftsmäßig in die Halterungen an den Windschutzscheiben gesteckt und die für die optische Überprüfung erforderliche Haltung eingenommen.

Jetzt war er noch zwanzig Kilometer von der Grenze entfernt. Die Berge lagen im Dunst, doch die Wetterprognose hatte für die nächsten zwölf Tage störungsfreies Sommerwetter garantiert. Der Verkehr floß ohne jede Störung gleichmäßig dahin.

Kurz zuvor hatte Carl seine Fahrt auf dem Ferienfreeway unterbrochen und in der Nähe auf einem kleinen Waldparkplatz angehalten. Vor der Weiterfahrt hatte er die Oberfläche der fälschungssicheren Kennzeichen noch mit einem Lappen gesäubert und blankpoliert.

Die populären Genehmigten Ferienfreeways waren 1995 für den Verkehr freigegeben worden, als die umfangreichen Vorarbeiten abgeschlossen und sämtliche Installationen funktionsbereit waren. Vorhandene Trassen hatte man genutzt, sofern sie möglichst geradlinig voranführten und keine kraftstoffverzehrenden Steigungen aufwiesen. Das gesamte Programm einschließlich der Untertunnelungsprojekte war von der Regierung umgehend in die erste Dringlichkeitsstufe eingereiht worden, als das schon stark gekürzte Angebot für Ferienflüge völlig weggefallen war. Zuerst hatte die Bevölkerung trotz der damals schon vorhandenen Treibstoffrationierung immer noch die skandinavischen Länder von Norddeutschland aus erreichen können, ansonsten die westeuropäischen Nachbarstaaten sowie die Schweiz und Österreich.

Carl dachte während der Fahrt an die letzte Krise, bei der die Defend Our Oil Force den Feind waghalsig geblufft hatte, aber schließlich mit einer taktischen Niederlage wieder abgezogen war, weil der Präsident der D.O.O.F. das Okay für den Nuklearwaffeneinsatz wider Erwarten nicht erteilt hatte. Die Folge war das große Autosterben gewesen.

Wer weiterhin ein Auto besitzen durfte, genoß nicht nur die unmittelbaren Bequemlichkeiten des Individualverkehrs, die diese Auszeichnung mit sich brachte, sondern wurde damit auch ein Angehöriger einer neuen Klasse, die sich nach der letzten Krise herausgebildet und immer stärker als neue, sichtbare Elite durchgesetzt hatte. Inzwischen galt der Autofahrerklasse weniger der Neid, sondern vielmehr der Respekt und die Ehrfurcht der nicht motorisierten Bevölkerung, die sehr wohl wußte, daß im freiheitlichen System nur dem Tüchtigsten und Verfassungstreuesten der Weg nach oben offenstand.

In der Anfangsphase hatte es für Carl keine Schwierigkeiten gegeben, Autobesitzer zu bleiben. Als Dolmetscher hatte er berufliche Mobilitätsnotwendigkeit nachweisen können, welche durch die Massentransportsysteme nicht voll gewährleistet war. Außerdem war seine Tätigkeit bei den Kongressen und Konferenzen als allianzfördernd eingestuft worden, wenn auch nur mit einem bescheidenen Faktor.

Die Blüte der Allianz, wie sie auch offiziell bezeichnet wurde, hatte seinem Beruf jedoch bei den Faktorenneufestsetzungen fortwährend Abwertungen eingebracht, weil es in der neuen Klasse fast keinen Berufstätigen mehr gab, der Amerikanisch nicht perfekt beherrschte und so den Kontakt und Umgang mit Vertretern der Allianzführungsmacht auf seinem Gebiet völlig problemlos gestalten konnte. Obwohl die Language Training Centers ihre Multimediaprogramme für die Freiwilligen Freizeitkurse rapide ausgebaut hatten, waren sie dem Ansturm kaum mehr gewachsen gewesen.

Da Carl auf recht altmodische Art an seinem Beruf festgehalten hatte, waren seine Arbeitsmöglichkeiten bald zusammengeschrumpft. Schließlich mußte er froh sein, wenn man ihn für Traditions-, Kameraden- und Kollegentreffen engagierte, bei denen die alten Herren der ›ersten Stunde‹ ihre Erfahrungen und Erinnerungen mit Kameraden und Kollegen von der Allianzführungsmacht austauschten. Wenn es zum gemütlichen Teil der Veranstaltungen kam, waren Carls Hilfsdienste nicht mehr erforderlich, doch zuvor benötigten die alten Herren bei den Grußadressen, Vorträgen und Podiumsdiskussionen sein Simultandolmetschen, da zu ihrer Zeit selbst ein Außenminister ohne nennenswerte Fremdsprachenkenntnisse hatte auskommen können; darüber hinaus waren den Herren die neueren Sprachentwicklungen beim Allianzführungspartner nicht geläufig.

Nun bist du selbst außer Tritt geraten, dachte Carl. Er wußte, daß er lustlos an die Arbeit herangegangen war. Jetzt war es wohl schon überallhin durchgedrungen, welche bösen Ausrutscher ihm am Vortag beim Heidelberg-Meeting passiert waren.

Während ihm in seiner Kabine die Stimme des General Walker dröhnend in die Ohren gedrungen war, hatte er beim Dolmetschen versucht, sich an den Spitznamen des Pensionärs mit dem teigigen Gesicht und den hervortretenden Augäpfeln zu erinnern. Walker war bei seiner historischen Reminiszenz über vierzig Jahre zurückgegangen, und Carl hatte geistesabwesend das Wort ›Wiederaufrüstung‹ ins Mikrofon gesprochen.

Er hatte nicht einmal bemerkt, wie im Saal die alten Herren der deutschen Delegation zusammengezuckt waren, weil ihm in diesem Moment der Spitzname ›Froggy‹ eingefallen war.

Nach seiner Rückkehr hatte Dr. Sandner bedauernd gelächelt und seine schwere getönte Brille aufgesetzt, als Carl ihn am Nachmittag in seinem Büro aufgesucht und um einen Bescheid in seiner Bewerbungsangelegenheit gebeten hatte.

»Gewisse Chancen hätten Sie vielleicht noch gehabt – bis heute. Aber nun: Ehrenamtlicher Bezirksvertrauensmann der Liberalkonservativen Fortschrittsunion – mit Ihren neuen Schlechtdaten?«

»Schließlich war es doch nur ein einziger Ausrutscher«, hatte Carl eingeworfen.

»Da irren Sie sich in mehrfacher Hinsicht«, hatte Sandner erwidert. »Erstens haben Sie mit ›Ausrutscher‹ wohl eine etwas zu milde Bezeichnung gewählt. Schließlich weiß jedes Kind in unserem Staat, daß 1955 die *Wiederausstattung* begann und nicht . . .« Dr. Sandner hatte gequält gelächelt. »Ich möchte das Wort nicht verwenden. Sie wissen selbst nur zu genau, was ich meine.«

Carl hatte sich verteidigen wollen, doch Sandner hatte mit erhobener Hand fortgefahren: »Genau dieser Begriff, der auf keines unserer Programme zutrifft oder je zutraf, scheint Ihnen größte Schwierigkeiten zu bereiten. Sie haben sich nämlich gleich darauf eine zweite grobe Nachlässigkeit zuschulden kommen lassen, als General Walker von der Notwendigkeit des ›Redundant Equipment Replacement‹ sprach.«

»Was?« hatte Carl gestöhnt. »Daran kann ich mich nicht erinnern.«

»Es gibt nicht nur genügend alte Herren, die den Vorfall in peinlicher Erinnerung haben, sondern auch die Aufzeichnung, die vom Sicherheitsdienst längst überprüft worden ist.«

Sandner hatte ein Blatt des Computerausdrucks über den Schreibtisch geschoben und auf eine rot unterstrichene Zeile gezeigt. »Ich sehe hier nichts vom Ersetzen der Redundanzausstattung – Sie vielleicht?«

Carl hatte mit der flachen Hand auf Dr. Sandners Schreibtisch geschlagen. »Verdammt noch mal, es war ein reines Versehen. Das kann doch mal vorkommen.«

Sandner hatte ihn eine Weile mit hochgezogenen Augenbrauen angeschaut. »Ich muß Ihnen doch nicht die Verträge nennen, in denen sich die Allianz verpflichtet hat, keinerlei R . . . – Sie wissen schon – zu betreiben, sondern planmäßig mit den Vertrauensbildenden Maßnahmen fortzufahren. Wie Sie wissen, gehört dazu der gemeinsame Beschluß der Friedensförderungsministerien der Allianz, der alle Wortzusammensetzungen ächtet, die, auf unsere Sprache bezogen, das Element Rü . . . enthalten und somit den Völkerfrieden gefährden. Und nun kommen Sie daher und posaunen bei einem Meeting pensionierter, aber immer noch wichtiger hoher Militärs und Beamter falsche Sachverhalte und friedensgefährdende Begriffe in die Gegend hinaus. Es kann Sie nicht wundern, daß der Sicherheitsdienst objektiv einfach gezwungen war, Ihnen Schlechtdaten zu geben und die entsprechenden Konsequenzen einzuleiten.«

»Dann kann ich meine Bewerbung also vergessen«, hatte Carl gemurmelt. »Und mit dem Parteiposten verschwinden auch die Chancen für die Gutdaten, die ich gerade jetzt gebraucht hätte, um meine Quartalsberechtigung erneuert zu bekommen.«

Dr. Sandner hatte den Computerausdruck auf seinem Schreibtisch noch einmal studiert. »Ihre Einschätzung der Situation ist soweit korrekt. Sie liegen nun unter dem Schwellenwert. Ihre Autohaltungsberechtigung endet morgen um zwölf Uhr. Damit entfällt auch die Basis für Ihre Berufstätigkeit. Sie werden dies alles zu Hause in einer gespeicherten Mitteilung der Behörde vorfinden.«

Carl näherte sich jetzt dem Grenzbereich mit seiner beliebten Schnellabfertigung. Jeder Fahrer, der die Regeln beachtete, konnte völlig ungestört mit der vollen zulässigen Höchstgeschwindigkeit von neunzig Stundenkilometern durch den Grenzbereich und über die Grenze zum Ferienpartnerland reisen.

Der Wagen würde bald den Kennzeichen-Erstcheck passieren, bei dem die fälschungssichere Buchstaben- und Zahlenkombination optisch erfaßt und an den Zentralcomputer weitergeleitet wurde. Schon jetzt mehrten sich am Fahrbahnrand die Plakate *Freie Fahrt für freie Menschen.*

Nach wenigen Kilometern würde der Wagen dann unter den niedrigen Leichtmetallbrücken durchrollen, die in ihrer ganzen Breite mit Prüfoptik bestückt waren. Da alle Autos die zulässige Höchstgeschwindigkeit nie überschritten und stets den vorgeschriebenen Abstand einhielten, entstanden beim Überfahren der Kontaktpunkte verläßliche Aufnahmen der Kennzeichen zusammen mit den an der Windschutzscheibe befestigten Identitätskarten. Der Auswertungsautomat benötigte für seine Arbeit nur Sekunden, einschließlich der Infrarotfotos.

Immer seltener ergaben die Checks Unstimmigkeiten oder Sicherheitsmängel. Jeder Bürger kannte die Vorschrift, daß allein der Fahrzeughalter seinen Wagen steuern durfte. Obwohl auch die Passagiere überprüft wurden, trug der Autohalter für sie letztlich die volle Verantwortung. Um sich keine Schlechtdaten einzuhandeln, beförderten Mitglieder der Autofahrerklasse nur noch Passagiere, deren völlige Unbedenklichkeit durch freiwillige, kostenlose Sicherheitschecks neuesten Datums feststand; die Ergebnisse wurden zweckmäßigerweise am unteren Rand der Identitätskartenhalterung angebracht.

Es hatte sich längst herumgesprochen, daß es zwecklos war, ein gestohlenes Fahrzeug zu benutzen oder den Versuch zu wagen, sein Auto trotz einer Strafpunktsperre zu fahren. Wer meinte, er könnte trotz kleinerer Schlechtdaten, die ihn für einen Auslandsaufenthalt disqualifizierten, zu der begehrten Urlaubsreise kommen, vergeudete nur Kraftstoff und handelte sich überdies den Halterentzug ein. Schon der Erstcheck signalisierte solchen Fahrern nach wenigen hundert Metern durch den Autokommunikator, daß umgehend die Sicherheitsbucht am Straßenrand anzufahren sei.

Seit Jahren besaß kein Bürger, der die betreffende Schlechtdatenschwelle überschritten hatte, mehr ein Auto. Wer mit ganzer Energie und Konzentration Gutdaten sammelte, konnte schließlich die Rückkehr zur Autofahrerklasse schaffen, doch waren die Chancen schlecht, weil bedeutende Gutdaten nur bei Mobilität zu erlangen waren. Nichtautofahrer arbeiteten, wohnten und entspannten sich in ihren Bezirken, in denen sie sich frei bewegen durften; dort hatten sie auch ihre Benutzungsberechtigung für die Massentransportsysteme.

Die Bevölkerung hatte längst eingesehen, wie notwendig es angesichts der Ölsituation war, die Zahl der privaten Kraftwagen drastisch zu reduzieren und schließlich auf den Kreis der Haltungsqualifizierten zu beschränken, so daß wenigstens die Militärfahrzeuge in voller Stärke einsatzbereit bleiben konnten. Zwar hatte man den Synthetikanteil im Kraftstoff inzwischen auf siebzig Prozent gesteigert, doch stellte der Restbedarf an herkömmlichem Benzin und Dieselöl für die Nation ein immer unlösbarer werdendes Problem dar.

Carl hatte den Erstcheck durchfahren und steckte nun seine Identitätskarte in die Halterung an der Windschutzscheibe. Als er Dr. Sandners Karte auf der Fahrerseite anbrachte, dachte er noch einmal an den letzten Abend.

Er hatte das Büro verlassen und den Ablehnungsbescheid in die Tasche geschoben, ohne die kleine handschriftliche Notiz am unteren Rand zu beachten. Zu Hause hatte er das Blatt zerknüllen und in den Papiersammelkorb werfen wollen, doch seine methodische Art war stärker gewesen als sein Zorn. Carl hatte den Aktenordner *Liberalkonservative Fortschrittsunion* herausgezogen, um das Blatt zusammen mit allen früheren Bewerbungen und Mitteilungen abzulegen. Erst dann war ihm die Notiz aufgefallen: ›22.00 Star and Garter Pub.‹

Carl hatte sich keinen Reim darauf machen können, war aber zum *Star and Garter* gegangen, wo ihn ein leicht angetrunkener Sandner erwartet hatte. Sein Büro werde selbstverständlich optisch und akustisch überwacht, hatte er Carl erklärt, deshalb habe er diesen gemütlicheren Treffpunkt vorgeschlagen, an dem ein Plausch die normalste Sache der Welt sei. »Es interessiert mich, wie Sie sich Ihre Zukunft vorstellen.«

»Ich glaube kaum, daß ich im landläufigen Sinne überhaupt noch eine habe.« Carl hatte sein Glas erhoben: »Auf ein glückliches Dasein als arbeits- und funktionsloser Bürger!«

»Neun Millionen andere haben es auch nicht besser«, hatte Sandner ihn getröstet. »An die Rentner wollen wir gar nicht denken . . .«

»Aber die meisten aus meiner Generation und die Jüngeren haben die Hoffnung auf Arbeit und Funktionen nicht aufgegeben. Sie träumen davon, daß nach einer Arbeitsaufnahme ehrenamtliche Tätigkeiten möglich sein werden, bei Ihrer Partei oder einer anderen in der Großen Koalition, beim Freiwilligen Zivilschutzkorps, dem Sicherheitsdienst oder was es auch sein mag – und damit kämen die Gutdaten und es käme der Aufstieg . . .«

Dr. Sandner war mit den leeren Gläsern zur Theke gegangen. Dann hatte Carl gleich nach einem vollen Glas gegriffen, um seinen Ekel hinunterzuspülen.

Sandner hatte ihn prüfend angeschaut. »Wer oder was hindert Sie denn daran, sich wieder in die Autofahrerklasse hochzuarbeiten?«

»Ich bezweifle, ob es sich überhaupt lohnt.«

»Mein lieber Freund«, hatte Sandner lachend erwidert, »Sie begeben sich an den Rand der Legalität! Nur gut, daß ich als Privatmann etwas schwerhörig bin . . .«

»Mir wird übel, wenn ich an diese ewige Tretmühle denke. Bei den Quartalsneufestsetzungen bin ich immer mehr in die Gefahrenzone geraten. Meistens hatte ich dann doch Glück, weil ich immer wieder eine ehrenamtliche Tätigkeit erwischte, so daß unsere Dreißigstundenwoche für mich auf siebzig Stunden aufgestockt werden konnte. Dann sprach ich einmal in einem Diskussionsbeitrag vom Recht auf Kriegsdienstverweigerung aus Gewissensgründen, das es früher gegeben hat, und das machte mich für die Vereinigten Christen untragbar, bei denen ich damals eine Funktion von zwanzig Wochenstunden hatte . . .«

»Das ist mir natürlich in groben Zügen bekannt«, hatte Sandner ihn unterbrochen. »Auch die Bezirksverwaltung unserer Partei erhält alle Datenunterlagen und geht sie bei Bewerbungen sorgfältig durch. Mir ist in der Tat aufgefallen, daß Sie ab und zu aus der Reihe tanzten, wenn ich's mal so ausdrücken darf.«

Sandner hatte einen kräftigen Schluck genommen. »Und Ihr Skript für einen Dokumentarfilm im Neunten Programm . . .«

». . . brachte mir schließlich noch mehr Schlechtdaten. Sie haben ein recht gutes Gedächtnis.«

Dr. Sandner hatte eine Verbeugung angedeutet. »Ich fasse das als ein Kompliment auf, obwohl unser Gedächtnis heutzutage keine Rolle mehr spielt. Ja, der Film wurde im Rahmen der jährlichen Blütefeier der Allianz ausgestrahlt: ›Senator Leland Stanford – Ein amerikanischer Pionier und Mäzen im 19. Jahrhundert.‹ Und dann gab es tatsächlich einen Medienjournalisten, der Ihre ironische Arbeit durchschaute und aufdeckte.«

Carl beugte sich etwas zum Fahrersitz hinüber, zog Dr. Sandners Identitätskarte aus dessen Brusttasche und schob sie in die Halterung auf der Fahrerseite. Sandners Augen blickten starr durch die getönten Gläser. Er war vorschriftsmäßig angeschnallt, saß aufrecht im Sitz und hatte den Kopf so fest an die Nackenstütze gelegt, daß sein vorstehendes Kinn unwillkürlich Respekt einflößte. Nur seine Hände, die mit abgewinkelten Fingern auf den Speichen des Lenkrads lagen, wirkten etwas verkrampft.

Carl drückte mit dem linken Fuß auf das Gaspedal des Automatikantriebs und hielt den Wagen mit der linken Hand auf seinem Geradeauskurs.

Er hatte Sandners Körper auf dem Waldparkplatz vom Beifahrersitz zum Fahrersitz geschoben, ihn wieder angegurtet und mit unauffälligen Befestigungen in eine recht natürliche Sitzhaltung gebracht.

Nun fuhr er in Sandners Wagen als Sandners Passagier zur Grenze.

»Ich habe nicht mehr viel zu verlieren«, hatte Carl in der Nacht gesagt. Sandner hatte eine Weile in sein Glas gestarrt und es dann erhoben. »Und ich habe einen Grund zum Feiern: Morgen beginnt mein Auslandsurlaub! Der erste seit fünf Jahren.«

Carl hatte mißmutig mit Sandner angestoßen und das Glas in einem Zug geleert. »Gute Nachrichten für andere Leute interessieren mich nicht übermäßig.«

»Warten Sie ab«, hatte Sandner geflüstert und eine neue Runde geholt. Dann hatte er weitergesprochen. »Wie gesagt, ich fahre morgen in Urlaub. Nach Österreich. Ich möchte Ihnen einen Vorschlag machen: Fahren Sie mit! Ich brauche jemand, der mich ablösen kann, wenn . . .«

Carl hatte laut losgelacht. »Soll das ein Witz sein? Sie wollen mich als Beifahrer, wenn Sie nur ein Wort zu sagen brauchen in Ihrer Organisation und . . .«

»Und die Organisation erfährt, daß ich nicht einmal mehr meinen Wagen auf einem Ferienfreeway sicher steuern kann?« Sandner hatte die Stimme noch mehr gesenkt.

»Ich bin krank. Es ist mir bis jetzt gelungen, diese Tatsache vor meiner Parteiorganisation geheimzuhalten. Die Wahrheit hätte mir Schlechtdaten gebracht, und auch auf meinen Arbeitsplatz warten schon genügend Bewerber. Nach dem Urlaub kommt jedoch für mich die routinemäßige Gesundheitskontrolle, also das Ende.«

»Na bitte, es wird also früher oder später herauskommen«, hatte Carl eingeworfen.

»Mit dem großen Unterschied, daß ich morgen über der Grenze sein werde. Und ich habe nicht die Absicht, hierher zurückzukehren.«

Carl hatte Sandner zuerst mit offenem Mund angestarrt. »Das wäre ja einmalig«, hatte er nach einer Weile geflüstert. »Ein Mitglied der Autofahrerklasse, ein hauptamtlicher Parteifunktionär, kehrt nicht zurück, wirft alle seine Privilegien weg, von denen Millionen träumen!«

Sandner hatte einen Schluck getrunken und geschwiegen. »Bei allem, was ich sage, verlasse ich mich auf meine Menschenkenntnis«, hatte er schließlich stockend erklärt. »Wenn ich mich getäuscht hätte – in Ihnen getäuscht –, wären Sie schon morgen fein heraus. Der Sicherheitsdienst würde Sie mit Gutdaten überhäufen . . .«

»Sie kennen mich besser, als ich ahnte«, hatte Carl ihn unterbrochen.

»Man wird als Spitzel geboren, man kann auch zu einem werden, wenn die Lage aussichtslos ist und der Preis verlockend. Was unser Sicherheitsdienst mit seinen elektronischen Mitteln nicht erfährt, liefert ihm menschliche Charakterschwäche. Bei Ihnen hatte ich jedoch die Hoffnung, daß Ihre Käuflichkeit nicht proportional zur Aussichtslosigkeit Ihrer Lage wächst, sondern . . .«

»Sondern daß mir der Kragen platzt! Daß ich auf das ganze System scheiße!« hatte Carl hervorgestoßen.

»Nun, Sie gehören einer anderen Generation an, aber auch dort kann es einmal einen geben, dessen ›Anpassungsfähigkeit‹ begrenzt ist, der trotz allem noch sein Rückgrat behalten hat.« Dr. Sandner war mit den Händen über sein Gesicht gefahren. »Verstehen Sie, ich habe, wenn alles gutgeht, noch ein paar Jahre zu leben. Diese Zeit möchte ich in einem anderen Land verbringen.«

»Haben Sie keine Familie?« hatte Carl gefragt.

»Ich hatte eine.«

»Und?«

Sandner hatte seine Brille abgesetzt und sich die Augen gerieben. »Meine Frau ist vor zehn Jahren gestorben. Von meinen beiden Söhnen hat sich der jüngere vor sechs Jahren nach England abgesetzt – Sie können sich ausmalen, welche Konsequenzen das für mich hatte. Der ältere kam vor zwei Monaten bei einem ›Störfall‹ um – ihm verdanke ich jetzt sozusagen meinen Urlaub.« Sandner hatte ein bitteres Lachen ausgestoßen. »Wenn ich mit Ihrer Hilfe Österreich erreiche, werde ich mich dort eine Weile erholen. Dann möchte ich mich weiter durchschlagen . . .«

»Wohin denn?« hatte Carl gespannt gefragt.

»In ein Land ohne Gutdaten und Schlechtdaten, ohne Schwellenwerte und *Fahrt für freie Menschen,* wo ich nichts mehr hören werde vom ›allianzfördernden‹ Gequatsche . . .«

»Nach England?«

»Richtig.«

»That calls for another drink!« hatte Carl gerufen.

Die Leichtmetallbrücken kamen ins Blickfeld. Carl saß aufrecht da und blickte vorschriftsmäßig mit erhobenem

Kopf nach vorn. Sein linker Arm war abgewinkelt; der verdeckte Unterarm ging zum Lenkrad, das er mit Daumen und Zeigefinger von unten her festhielt.

Die Brücken mit ihrer Prüfoptik wölbten sich vor ihm, über ihm. Wie jeder andere Ferienfahrer hob er den Kopf noch etwas höher und blinzelte mit neugieriger Freundlichkeit in die Kameralinsen. Als er die Sekunden zählte, klang dabei der schleppende Gang Sandners nach: ... drei, vier; fünf, sechs ...

Sie hatten noch ausgiebig gefeiert und waren gemeinsam zum Parkplatz gegangen. Tapp-tapp; tapp-tapp hatten Sandners stapfende Schritte geklungen, bis er plötzlich angehalten hatte und wie erstarrt stehengeblieben war. Sandner hatte seinen Schlüsselbund schon aus der Tasche gezogen; er war klimpernd zu Boden gefallen. Dann war Sandner zusammengesunken. »Fahren Sie mit mir – so oder so.«

Carl passierte die rot-weißen Grenzpfähle.

Der Autor:

1940 in Stuttgart geboren. Geisteswissenschaftliches Studium; Forschungsstipendium und Promotion in Leicester/England. Lehrtätigkeit in Neuseeland sowie am deutschen Studienzentrum einer kalifornischen Universität. Nach einem Abstecher in den deutschen Schuldienst freiberuflicher Übersetzer und Autor.

UM RÜCKFRAGEN ZU VERMEIDEN

Wir veröffentlichen die Anzeigen für die HEYNE SF-BÖRSE in der Reihenfolge des Eingangs. Bitte beachten Sie aber, daß der technische Vorlauf, also die Zeit zwischen Redaktionsschluß und Erscheinungstermin, 4 Monate beträgt. Sie werden Ihre Anzeige also jeweils frühestens in der übernächsten Nummer des Magazins finden, wahrscheinlich aber erst in der Nummer darauf.

Bitte beachten Sie auch, daß wir **keine Werbeanzeigen** für Fanzines und dergleichen veröffentlichen.
Und noch eine Bitte: Versehen Sie Ihre Anzeige mit Namen und vollständiger Anschrift. Die Angabe auf dem Kuvert genügt nicht, weil die Post auf der Poststelle des Verlags aufgeschnitten wird und das Kuvert nicht selten verlorengeht. Wir konnten einige Anzeigen leider nicht veröffentlichen, weil die Anschrift fehlte oder unzureichend war. Bitte denken Sie in Zukunft daran. Danke!

SUCHE:
Alle Bücher von Philip K. Dick, Samuel R. Delany (außer Triton und Dhalgren), Robert Silverberg (außer Krieg der Träume, Der neutrale Planet, Flucht aus der Zukunft, Mit den Toten geboren), alle Bücher der Playboy SF-Reihe, Die besten Stories von . . . (außer von Jack Williamson, Fritz Leiber und Stanley G. Weinbaum)
Bastei-Lübbe SF-Special: 24001, 24002, 24004, 24005, 24007, 24008, 24009, 24012, 24014, 24019, 24020, 24021, 24022, 24023
Thomas Schickedanz, Beethovenstr. 25, 6078 Neu-Isenburg

SUCHE:
Heyne: E.E. »Doc« Smith, Die Skylark und die Sternenwanderer (3503)
Winfried Albrecht, Weinstr. 29, 7121 Walheim

SUCHE:
Heyne: 254, 3032, 3075, 3094, 3100, 3102, 3123, 3127, 3173
Pabel: 264
H. Maliskat, Im Reich der Mondroboter (Comicbroschüre, 1948)
Sun Koh der Erbe von Atlantik, 1936, Heft 35, 53, 71, 83, 87, 102
Sun Koh der Erbe von Atlantis, 1950, Heft 23
Jan Mayen der Herr der Atomkraft, 1949, Heft 3, 10
Der U-Boot-Pirat, 1951, Heft 5
Torgo der Prinz von Atlantis, 1960, Heft 9
Die großen Abenteuer, 1952, Heft 40 (Erstflug ins Weltall)
Die Abenteuer des Zauberers Pimpinello Mystifex, 1950, Heft 11, 13
Frank Kenney Kriminalabenteuer von heute und morgen, 1950, Heft 36
Gegen GEBOT oder TAUSCH gegen Vorkriegshefte, seltene Nachkriegshefte Rah Norton etc.
Plutonien v.W. Obrutschew, Verlag Neues Leben, Berlin, 1959, Hl., 227 S., reich ill. (10,–)
Polaris, SF-Almanach, 1974, Nr. 2 (russische SF), 6,– Sintflut der Atome, R. Barjavel, Gebr. Weiß Verlag, Berlin, 1953 (9,50)
Rex Yale der König der Abenteurer, 1950, Die Oase der schwarzen Derwische (9,50)
Heinz J. Galle, Theodor-Heuss-Ring 118, 5090 Leverkusen 1

VERKAUFE:
Über 1500 verschiedene SF-Taschenbücher (alle großen SF-Reihen, SF in allgemeinen Taschenbuch-Reihen, Raritäten)
Über 200 verschiedene SF-Bücher (Hardcovers und Paperbacks, Vorkriegs- und Nachkriegs-Zeit, viele Raritäten)
Einige hundert SF-Hefte (Utopia-Groß- und Klein-Bände, Terra-Sonder- und Klein-Bände, kompl. 1. Auflage Ren Dhark etc.)
Umfangreiche, vollständige Angebots-Liste, 50 Seiten nur Science Fiction, Fantasy und angrenzende Gebiete, bitte anfordern!
(Ausführliche Angaben: Verlag, Bestell-Nummer, Autor, Titel, Auflage, Preis, Zustand)
Für eine Unkosten-Beteiligung von 1.20 DM in Briefmarken wäre ich dankbar: wird bei Bestellung gutgeschrieben

SUCHE:
Gut bis sehr gut erhaltene SF-Taschenbücher, -Hardcovers und -Paperbacks aller Verlage. Auch komplette Sammlungen!
Erbitte Angebote mit Angabe der Auflage und des Zustandes
Arnfred Nülle, Dresdener Str. 10, 3000 Hannover 1

VERKAUFE:

Sehr günstig diverse Heyne-Taschenbücher, PR-Romane und TBs, Magazine sowie Comics. Alle in sehr gutem Zustand. Liste gegen adressierten Freiumschlag
Heinz-Dieter Kaschner, Melatengürtel 32, 5000 Köln 41

SUCHE:
Heyne: Alan Burt Akers, Transit nach Scorpio (3459), Die Sonnen von Scorpio (3476), Der Schwertkämpfer von Scorpio (3488), Die Armada von Scorpio (3496), Der Prinz von Scorpio (3504), Die Menschenjäger von Antares (3512), In der Arena von Antares (3534), Die Flieger von Antares (3547), Die Waffenbrüder von Antares (3576), Der Rächer von Antares (3585), Die fliegenden Städte von Antares (3607), Die Abtrünnigen von Kregen (3661)
Frank Küchlin, Insterburger Str. 18D, 7500 Karlsruhe 1

SUCHE:
Heyne: Fritz Leiber, Schwerter und Teufelei (3307), Schwerter im Nebel (3323), Schwerter gegen Zauberer (3331), Die Schwerter von Lankhmar (3339), Schwerter im Kampf (3501)
Thomas Willführ, Baumstr. 2, 3000 Hannover 1

SUCHE:
Fischer Orbit: 9, 10, 11, 13, 14, 18, 20, 25, 26, 28, 30, 33, 36, 38, 40, 41, 43, 44
Heyne: James A. Tiptree, Jr., 10000 Lichtjahre von zu Haus (3462)
Volker Puls, Schenefelder Landstr. 99, 2000 Hamburg 55

SUCHE:
Bruno H. Bürgel, Der Stern von Afrika, Gespenster; Anni Francé-Harrar, Die Feuerseelen, Der gläserne Regen; Kurd Laßwitz, Empfundenes und Erkanntes; Romane: Das Vehikel zum Mond (oder Hinweis hierauf); Wer stiehlt schon Hyazinthen?
Martin Fischer, Thomas-Diewald-Str. 2, 8033 Planegg

VERKAUFE:
Folgende komplette SF-Taschenbuch-Reihen (alle Bände sind seit ihrem Erscheinen gesammelt worden, in erstklassigem Zustand und bis zum neuesten Stand vollständig):

Heyne: Story Reader, Titan, Isaac Asimovs Science Fiction-Magazin
Ullstein: Romane, Stories
Bastei: SF, Action, Bestseller, Special (Nr. 24006, 24010 noch nicht erschienen)
Knaur: SF
Moewig: SF
Die Sammlung besteht aus ca. 540 Bänden und wird nur in einer Einheit (meistbietend) verkauft.
Gerhard Bartz, Kommandantenstr. 62, 1000 Berlin 61

SUCHE:
Heyne: Fredric Brown, Die grünen Teufel vom Mars (3038); Robert Silverberg, Gast aus der Zukunft (3193); Ian Wallace, Der große Crowd (3246); Jack Vance, Start ins Unendliche (3111); Philip José Farmer, Die Irrfahrten des Mr. Green (3127), Der Steingott erwacht (3376); Roger Zelazny, Corwin von Amber, Die Gewehre von Avalon (3551), Im Zeichen des Einhorns (3571), Die Hand Oberons (3594)
Kai Sören Kristensen, Wahmstr. 32, 3400 Lübeck 1

VERKAUFE:
Wegen Platzmangels über 100 SF-Taschenbücher sowie etwa die gleiche Anzahl an Romanen, darunter Classics wie Frank Herberts Dune-Trilogie, Le Guins Erdsee-Trilogie, oder Stapledons Sirius, alles im bestem Zustand
Jürgen Keiber, Hundsbergstr. 90, 5900 Siegen 31

SUCHE:
Heyne: Alan Burt Akers, Die Sonnen von Scorpio (3476), Der Schwertkämpfer von Scorpio (3488), Der Prinz von Scorpio (3304), In der Arena von Antares (3534). Zahle Sammlerpreise!
Außerdem größere Posten billiger SF- und Fantasy-Taschenbücher aller Art
Ralf Kratzer, Perchtoldsdorfer Str. 10, 8850 Donauwörth

VERKAUFE:
Science Fiction-Filmplakate, Fotos, komplette Fotosätze, Werberatschläge, Programme und vieles mehr. Insgesamt über 3000 Einzelposten, hauptsächlich SF und Horror (Liste gegen 2,–)
Originalmanuskripte bekannter deutscher SF- und Horror-Autoren. Wollen Sie endlich einmal wissen, wie ein veröffentlichter Roman im Manuskript auszusehen hat oder Ihrer Sammlung als Schmuckstück

ein signiertes Manuskript hinzufügen? Dann Manuskriptkatalog anfordern (gegen 2,– Rückporto)
Amerikanische Comics: Marvel, DC, Warren, Heavy Metal, Artbooks, Portofolios, Bildbände, SF-Kunstbücher und vieles mehr. Katalog gegen 1,–
Uwe Anton, Postfach 250120, 5600 Wuppertal

VERKAUFE:
Ca. 800 SF- und Fantasy-Romane: Perry Rhodan (1.-4. Aufl.), Orion, Rex Corda, Ren Dhark, Arn Borul, Terranuten u.a.
Martin Lesser, Homburger Landstr. 817, 6000 Frankfurt/Main 56

KAUFE UND TAUSCHE:
Bieten Sie mir Ihre SF-Bände an (bei Taschenbüchern genügt Verlag und Nummer). Teilen Sie mir Ihre Preisvorstellungen/Wünsche mit – bei Rückporto garantiere ich Antwort, sonst nur, wenn das Angebot interessant ist.
Franz-J. Elbert, Staufenstr. 38, 6238 Hofheim

VERKAUFE:
Heyne, Goldmann und andere SF-Raritäten, jeweils 1. Auflage und ab der jeweiligen Nr. 1 verkauft
Antiquariat Wilfried Ott, Frankfurter Str. 56-62, Europahaus, 6050 Offenbach/Main

---

SUCHE:
Die Werke folgender Autoren: Anne McCaffrey (Serie »Die Welt der Drachen«), Jane Gaskell, Joy Chant, James Tiptree, jr., ferner die James Retief-Serie von Keith Laumer

VERKAUFE:
Große Auswahl an SF-Taschenbüchern (bitte anfragen)
Antje Stahmer, Am Markt 10, 2351 Bornhöved

SUCHE/TAUSCHE/VERKAUFE:
Alle Terra, Utopia, Luna, Der Weltraumfahrer, SF-Leihbücher, seltenere SF-TB, z.B. König-TB, alle Heyne
Matthias Neiden, Delftstr. 17, 2190 Cuxhaven

VERKAUFE:
SF, Krimis, Horror, Sachbücher und TB über Grenzwissenschaften, alle in einwandfreiem Zustand zum halben Neupreis. Liste gegen Rückporto (0,60 in Briefmarken)
Jürgen Schmellenkamp, A.-Schweitzer-Str. 30, 3320 Salzgitter 1

SUCHE:
Heyne: Fritz Leiber, Schwertkämper im Nebel (3323), Die Schwerter von Lankhmar (3339), Schwerter im Kampf (3501); The Magazine of Fantasy and Science Fiction 32 (3305)
TTB: Isaac Asimov, Und Finsternis wird kommen (207), Der Todeskanal (209), Wenn die Sterne verlöschen (264), Die Verschwender vom Mars (267), Das Ende der Dinosaurier (289), Landung ohne Wiederkehr (267)
Olaf Wrage, Bogenstr. 22, 2000 Hamburg 13

SUCHE:
Philip José Farmer, Auf dem Zeitstrom (Heyne 3653)
Hans Alfred Walter (Reuter), Klingelgärten 1a, 6335 Lahnau 3

SUCHE:
Heyne: 3034, Nelson Bond, Insel der Eroberer; 3038, Fredric Brown, Die grünen Teufel vom Mars (2 x); 3046, Fredric Brown, Alpträume; 3051, Alfred Bester, Die Rache des Kosmonauten; 3076, A.E. von Vogt, Das unheimliche Raumschiff; 3115, Poul Anderson, Korridore der Zeit; 3117, A.E. van Vogt, Welt der Null-A (2 x); 3142, Hans Santesson, Die Mächtigen des Universums; 3152, Edward E. Smith, Die Ersten der Galaxis; 3179/80, Robert A. Heinlein, Straße des Ruhms; 3215, Fredric Brown, Das andere Universum (2 x); 3268, John Brunner, Im Zeichen des Mars; 3284, Damon Knight/James Blish, 1000 Milliarden glückliche Menschen (2 x); 3234, John Brunner, Die Zeitsonde; 3290, William Tenn, Von Menschen und Monstern; 3313; William Tenn, Der menschliche Standpunkt (2 x); 3336, Robert A. Heinlein, Abenteuer im Sternenreich; 3348, Michael Moorcock, Miss Brunners letztes Programm; 3358, Robert A. Heinlein, Das geschenkte Leben; 3359, John Wyndham, Die Reise zum Mars; 3378, Robert Silverberg, Menschen und andere Ungeheuer (2 x); 3399, Michael Moorcock, I.N.R.I. oder die Reise mit der Zeitmaschine; 3218, Samjatin, Wir; 3416, David Gerrold, Ich bin Harlie; 3049, Robert A. Heinlein, Ein Doppelleben im Kosmos; 3106, Mommers/Kraus (Hrsg.), Die Nacht der 10 Milliarden Lichter (2 x); 3439, Lyon Sprague de Camp, Der Schmetterlingsthron; 3146, Laumer/Brown, Blut der Erde (2x); 3478, David Gerrold,

Zeitmaschinen gehen anders; 3489, David Gerrold/Larry Niven, Die fliegenden Zauberer (2 x); 3515, Edward E. Smith, Die Skylark und der Kampf um die Galaxis; 3509, J.R. Ballard, Der vierdimensionale Alptraum; 3487, 3533, 3546, Jeschke (Hrsg.), Titan 1, 4, 5; 3575, Lyon Sprague de Camp, Die Räder der Zeit (2 x); 3565, John Brunner, Die dunklen Jahre; 3584, Lyon Sprague de Camp, Das Orakel der Fremden; 3276, Botond/Bolics, Das Marsgehirn denkt anders (2 x); 3530, Jane Gaskell, Im Reich der Atlantiden; 3111, Vance, Start ins Unendliche; 3238, John Brunner, Die Pioniere von Sigma Draconis; 3293, John Brunner, Ein Stern kehrt zurück; 3309, Robert Silverberg, Dimension 12; 3256, Robert Silverberg, Die Seelenbank; 3248, Robert Silverberg, Die Sterne rücken näher; 3193, Robert Silverberg, Gast aus der Zukunft
Ravensburger Anthologie: Das Zeitgericht; Die vergessene Stadt (2 x)
Goldmann: 0197, Wilson Tucker, Das Jahr der stillen Sonne
Ronald Heimberg, Fuchsbau 45, 3080 Pinneberg

VERKAUFE:
Atlan 14, 15, 32, 33, 36, 37, 43, 68, 80, 96, 100, 101, 158, 160, 164, 166-253, 255-288, 290-291, 293-295, 297-299

KAUFE:
PR 470-681
Brigitta Wendeler, Jan-Wellem-Str. 36, 5253 Lindlar 2

SUCHE:
Heyne: Tanith Lee, Im Herzen des Vulkans (3616); Ian Wallace, Der große Croyd (3246); Alan Dean Foster, das Tar-Aiym Krang (3640); Alan Burt Akers, Transit nach Scorpio (3459), Die Sonnen von Scorpio (3476), Der Schwertkämpfer von Scorpio (3488), Der Prinz von Scorpio (3504), Die Armada von Scorpio (3496), Die Menschenjäger von Antares (3512), In der Arena von Antares (3534), die Flieger von Antares (3547), Die Waffenbrüder von Antares (3567), Der Rächer von Kregen (3661), Krozair von Kregen (3697), Geheimnisvolles Scorpio (3746), Michael Moorcock, INRI oder die Reise mit der Zeitmaschine (3399), Die Zeitmenagerie (3492)
Volker Pilkahn, Stettiner Str. 15, 3177 Sassenburg

SUCHE:
Doc Savage Taschenbuch (Pabel) Nr. 1
Peter Moosleitners interessantes Magazin Nr. 11/78; 12/78; 1/79; 2/79; 3/79
Jörg Litschke, Kokkedahler Weg 127, 2262 Leck

Heyne Science Fiction und Fantasy:

Ausgezeichnet auf dem Eurocon in Stresa mit dem »Premio Europa 1980« als beste SF-Reihe.

Von der nunmehr 800 Bände umfassenden Reihe sind folgende Fantasy-Titel derzeit lieferbar und besonders zu empfehlen:

C. J. Cherryh
Das Tor von Ivrel
(06/3629 - DM 4,80)

Alan Burt Akers
Die Gezeiten von Kregen
(06/3634 - DM 4,80)

Tanith Lee
Vazkor
(06/3638 - DM 4,80)

Henry Rider Haggard
Allan Quatermain
(06/3647 - DM 5,80)

Katherine Kurtz
Camber von Culdi
(06/3666 - DM 5,80)

Ursula K. Le Guin
Der Magier der Erdsee
(06/3675 - DM 4,80)

Ursula K. Le Guin
Die Gräber von Atuan
(06/3676 - DM 4,80)

Ursula K. Le Guin
Das ferne Ufer
(06/3677 - DM 4,80)

Tanith Lee
Die weiße Hexe
(06/3687 - DM 6,80)

Michael Moorcock
Der Zauber des weißen Wolfs
(06/3692 - DM 4,80)

Alan Burt Akers
Krozair von Kregen
(06/3697 - DM 4,80)

Katherine Kurtz
Sankt Camber
(06/3720 - DM 7,80)

Michael Moorcock
Der verzauberte Turm
(06/3727 - DM 4,80)

C. J. Cherryh
Der Quell von Shiuan
(06/3732 - DM 5,80)

Henry Rider Haggard
Nada die Lilie
(06/3733 - DM 6,80)

Stephen R. Donaldson
Lord Fouls Fluch
(06/3740 - DM 8,80)

H. Warner Munn
Das Schiff von Atlantis
(06/3741 - DM 4,80)

Alan Burt Akers
Geheimnisvolles Scorpio
(06/3746 - DM 4,80)

Tanith Lee
Herr des Sturms
(06/3759 - DM 7,80)

L. Sprague de Camp/ Fletcher Pratt
An den Feuern des Nordens
(06/3768 - DM 4,80)

Fritz Leiber
Herrin der Dunkelheit
(06/3775 - DM 4,80)

Michael Moorcock
Sturmbringer
(06/3782 - DM 5,80)

Alan Burt Akers
Wildes Scorpio
(06/3788 - DM 4,80)

Stephen R. Donaldson
Die Macht des Steins
(06/3795 - DM 9,80)

James Branch Cabell
Jürgen
(06/3801 - DM 6,80)

Tanith Lee
Herr der Nacht
(06/3802 - DM 5,80)

Michael Moorcock
Gloriana
(06/3808 - DM 7,80)

Alan Dean Foster
Kampf der Titanen
(06/3813 - DM 5,80)

L. Sprague de Camp/ Fletcher Pratt
Die Kunst der Mathemagie
(06/3814 - DM 4,80)

Fritz Leiber
Schwerter und Eiszauber
(06/3819 - DM 5,80)

Hugh C. Rae
Harkfast
(06/3820 - DM 5,80)

H. Warner Munn
Merlins Ring
(06/3826 - DM 7,80)

E. R. Eddison
Der Wurm Ouroboros
(06/3833 - DM 8,80)

HEYNE BÜCHER

Wilhelm Heyne Verlag München

Liebe Leser,

vielen Dank für die wiederum rege Teilnahme am »Urteil« des Lesers« über die Erzählungen im IASFM 11. Hier das Ergebnis:

W.T. Quick, EIN BOMBENEINFALL	Note 2.9111 (3. Platz)
Somtow Sucharitkul, DIE SCHWARZE FEE	Note 4.3333 (5. Platz)
Richard Sean McEnroy, DRACHENHÄUTER	Note 2.8000 (2. Platz)
Joanne Mitchell, ANTIQUITÄTEN	Note 3.9555 (4. Platz)
Barry B. Longyear, PROJEKT ANGST	Note 2.3333 (1. Platz)
Till Bastian, EINE NEUROSE	Note 4.6666 (6. Platz)

Wenn wir ein Blatt in Fächer eingeteilt haben und mit dem »Erbsenzählen« beginnen, d.h. die Einsendungen auswerten und sie als Strichkolonnen eintragen, bin ich jedesmal überrascht, wie weit die Geschmäcker der Leser auseinandergehen. Es bleibt selten ein Fach leer – diesmal von 36 nur eins –, und die bestbewertete Erzählung von Barry B. Longyear wurde immerhin von einem Leser als die schlechteste erachtet, während die Geschichte von Till Bastian, die leider nur den letzten Rang erreichte, doch von drei Lesern als die beste des Bandes benotet wurde. Bei den mittleren Plätzen ist die Streuung durch sämtliche Noten oft geradezu gleichmäßig.

Aus diesem Grund kann und will ich der Bitte nicht entsprechen, die immer wieder an mich herangetragen wird, doch eine Benotung einzuführen, die es etwa erlaubt, zwei oder mehr Autoren mit derselben Note (einer 2 oder 3 etwa) zu »benoten«. (Es gibt Leser, die versuchen dieses System geradezu zu »erzwingen«, indem sie ein abweichendes Schema benutzen. Einsendungen dieser Art werden alle aussortiert und nicht berücksichtigt.) Ich weiß, weshalb so viele Leser auf dieses (einer schrieb sogar »humane«) Schema versessen sind. Entweder hat sie das Benotungsschema der Schule so tief geprägt (wo es natürlich seinen Sinn hat), oder man kann sich nicht wirklich entscheiden, denn die Nachteile des Systems liegen auf der Hand: Eine Auswertung würde eine noch größere Zusammenballung in der Mitte ergeben, wahrscheinlich zwischen 2.5 und 3, und die durchschnittlichen

Erzählungen würden sich erst einige Dezimalstellen hinter dem Komma voneinander unterscheiden. Das Ergebnis (vor allem bei einer Auswertung über mehrere Bände des Magazins hinweg) würde einen statistischen »Brei« ergeben, dem nahezu nichts zu entnehmen ist.

Also bleiben wie beim bewährten System. Sie tun dem Autor deshalb nicht weh, wenn Sie es an der »Humanität« fehlen lassen und ihm eine 6 geben. Er bekommt sein Geld trotzdem. Wenn er Pech gehabt hat und gegen überdurchschnittlich gute Erzählungen von Spitzenautoren antreten mußte, wird er's seelisch verkraften. Und wenn er das nicht tun mußte, kann er durchaus einen Rippenstoß zur Aufmunterung vertragen, um es das nächstemal besser zu machen. Er kann Ihnen also nur dankbar sein. (Und die Herausgeberin ist es auch.)

Und, wie immer, zum Schluß noch den Rat: Wenn Sie Ihr Buch nicht zerschneiden wollen, bitte fotokopieren . . . (wie gehabt).

Vielen Dank und herzlichen Gruß
Ihr
Wolfgang Jeschke

DAS URTEIL DES LESERS

- ☐ Felsfohlen
- ☐ Zerbrochenes Spielzeug
- ☐ Die Stadt in der Wüste
- ☐ Der Wächter
- ☐ Der Adoptivvater
- ☐ Kamerad
- ☐ Fahrt zur Grenze

Geben Sie der Erzählung, die Ihnen am besten gefallen hat, eine 1; der, die Ihnen am zweitbesten gefallen hat, eine 2 usw.

Trennen Sie die Seite heraus oder fotokopieren Sie sie oder schreiben Sie die Titel auf eine Postkarte und senden Sie sie an den

Wilhelm Heyne Verlag
Science Fiction-Redaktion
Türkenstr. 5-7
8000 München 2

Das Ergebnis wird im übernächsten Magazin veröffentlicht.